Schwabe reflexe

Band 81

Martin Grichting

Religion des Bürgers statt Zivilreligion

Zur Vereinbarkeit von Pluralismus und Glaube im Anschluss an Tocqueville

Schwabe Verlag

MIX
Papier aus verantwortungsvollen Quellen
FSC® C083411

Bibliografische Information der Deutschen Nationalbibliothek
Die Deutsche Nationalbibliothek verzeichnet diese Publikation in der Deutschen Nationalbibliografie;
detaillierte bibliografische Daten sind im Internet über http://dnb.dnb.de abrufbar.

© 2024 Schwabe Verlag, Schwabe Verlagsgruppe AG, Basel, Schweiz
Dieses Werk ist urheberrechtlich geschützt. Das Werk einschliesslich seiner Teile darf ohne schriftliche Genehmigung des Verlages in keiner Form reproduziert oder elektronisch verarbeitet, vervielfältigt, zugänglich gemacht oder verbreitet werden.
Gestaltungskonzept: icona basel gmbH, Basel
Cover: Kathrin Strohschnieder, STROH Design, Oldenburg
Layout: icona basel gmbh, Basel
Satz: 3w+p, Rimpar
Druck: CPI books GmbH, Leck
Printed in Germany
ISBN Printausgabe 978-3-7965-5060-7
ISBN eBook (PDF) 978-3-7965-5061-4
DOI 10.24894/978-3-7965-5061-4
Das eBook ist seitenidentisch mit der gedruckten Ausgabe und erlaubt Volltextsuche.
Zudem sind Inhaltsverzeichnis und Überschriften verlinkt.

rights@schwabe.ch
www.schwabe.ch

Inhalt

Vorwort 9

Die ewigen Widersacher: Der Mensch als
schöpferischer Bildhauer seiner selbst und die
offenbarte Religion 11

Die neuzeitliche Auflösung des Ständestaats und
der Aufstieg des Individuums 19

Alexis de Tocqueville und die Religion 27

Tocquevilles Traum: Die Versöhnung von freier
Gesellschaft und Religion 31

Die Religion als Garantin der Freiheit
in der Demokratie 39

Tocquevilles Konzept einer neuen Sozialgestalt
der Religionsgemeinschaften 45

Die Trennung von Staat und Religionsgemeinschaften ... 47

Der religiöse Bürger als politischer und
zivilgesellschaftlicher Akteur 53

Auf den Spuren Tocquevilles 61

**Die Versöhnung von Religion und Aufklärung:
religion civique statt religion civile** 73

Anmerkungen 89

*Der Despotismus kann auf die Religion verzichten,
die Freiheit nicht.*

Alexis de Tocqueville

Vorwort

Auch Jahrhunderte nach dem Beginn der Aufklärung sowie nach der Gründung demokratischer Staatswesen stehen der säkulare Rechtsstaat und die Religion in einem Spannungsverhältnis. Auf der theoretischen Ebene kann dies nicht überraschen. Denn die staatliche Gewalt legitimiert sich weltlich-diesseitig, während die Religion sich auf göttliche Wahrheit beruft. Diese Differenz ist nicht auflösbar. Gleichwohl bedarf es um des gesellschaftlichen Friedens willen eines Zueinanders, das beiden Wirklichkeiten dient. Dies gilt umso mehr heute, als Religion sich durch Globalisierung und Migration pluralisiert hat.

In den westlichen Demokratien ist derzeit keine Verfolgung der Angehörigen einer Religion durch den Staat zu befürchten. Auch droht keine intolerante Priesterherrschaft. Die aktuellen Schwierigkeiten sind subtiler und verwickelter. Für den Staat geht es um die Frage, wie er sich gegenüber dem Phänomen der Religion positionieren kann, ohne selbst eine weltanschauliche, ja pseudoreligiöse Rolle zu spielen. Denn als fürsorgender Sozialstaat steht er in der Gefahr, von der Rechtsgemeinschaft zu einer «Wertegemeinschaft» zu mutieren und dadurch eine Zivilreligion zu etablieren. Droht dem Staat in dieser Weise die religiöse Aufladung, stehen die Glaubensgemeinschaften umgekehrt in der Gefahr, sich zu säkularisieren. Denn für sie geht es um die Frage, wie sie loyal zum Rechtsstaat stehen können. Hierbei sehen sie sich nicht selten mit einer Erwartung konfrontiert: Als Eintrittsticket in die pluralistische Gesellschaft sollen sie in ihrem Innern selbst pluralistisch werden. Sie sollen also ihre religiöse Substanz und ihren Wahrheitsanspruch opfern, um demokratiekompatibel zu sein.

Es gibt für die demokratischen Staaten einen Weg, Freiheit und Toleranz hochzuhalten, ohne selbst zum Begründer von Religion zu werden. Und es existiert für die Religionen ein Weg, um zu vermeiden, sich durch den Verzicht auf ihren Wahrheitsanspruch selbst zu säkularisieren. Dieser Weg wurde vom liberalen französischen Philosophen und Staatsmann Alexis de Tocqueville (1805–1859), dem «Montesquieu des 19. Jahrhunderts»[1], vorgezeichnet. Und die katholische Kirche hat mit dem 2. Vatikanischen Konzil (1962–1965) aufgezeigt, wie dieser Weg begangen werden kann.

In dieser Schrift wird die Überzeugung vertreten, dass das von Tocqueville vorbedachte und von der katholischen Kirche vorgeschlagene Modell universalisierbar ist. Es kann auch anderen Konfessionen und Religionen dazu dienen, mit dem säkularen Rechtsstaat in Frieden zu leben und gleichwohl unverkürzt gemäss dem eigenen Selbstverständnis zu wirken.

Die ewigen Widersacher:
Der Mensch als schöpferischer Bildhauer
seiner selbst und die offenbarte Religion

Die Bibel spiegelt das Problem gleich an ihrem Anfang: Adam und Eva stehen für den Menschen, der Mühe hat, sich Regeln geben zu lassen, und der sich selbst Gesetz sein will. Und der Turmbau zu Babel spricht vom Wunsch des Menschen, den Himmel aus eigener Kraft zu erreichen. Vielleicht am prägnantesten kommen diese menschlichen Urwünsche in der Neuzeit zum Ausdruck beim Aufklärer Marie Jean Antoine Nicolas Caritat, Marquis de Condorcet. Dessen im Jahr 1793 fertiggestelltes Werk *Esquisse d'un tableau historique des progrès de l'esprit humain*[2] stellt «sein politisches Testament und dasjenige des Jahrhunderts der Aufklärung»[3] dar. Denn Condorcet nimmt sich in seinem Werk vor, durch Vernunftschlüsse und historische Fakten darzutun, «dass die Natur der Vervollkommnung der menschlichen Fähigkeiten keine Grenze gesetzt hat». Sei nicht, so fragt er, die «moralische Güte» des Menschen das «notwendige Resultat seiner natürlichen Beschaffenheit» und stehe sie nicht «unbegrenzter Vervollkommnung» offen? Diese Vision des Marquis mündet in ein vom Menschen gemachtes «Elysium, das seine Vernunft sich zu erschaffen wusste»[4].

Dementsprechend hat Condorcet auch versucht, im Sinne der Quadratur des Kreises ein säkulares Ewigkeitsverständnis zu entwickeln. Wenn die unbeschränkte Fähigkeit zur Vervollkommnung der menschlichen Spezies ein allgemeines Gesetz der Natur sei, dürfe sich der Mensch nicht mehr als ein Wesen betrachten, das auf eine vorübergehende und isolierte Existenz beschränkt sei, dazu bestimmt, zu vergehen nach einem Wechsel von Glück und Unglück. Der Mensch werde vielmehr zu einem aktiven Teil des Grossen und Ganzen sowie der Mitwirkende an einem ewigen Werk. Im Dasein eines Augenblicks und sich an einem Punkt des Raumes befindend, vermöge er durch seine Werke alle Orte zu umfassen, sich mit allen Jahrhunderten zu verbinden und noch lange zu wirken, nachdem sein Andenken von der Erde entschwunden sei.[5]

Auch zwischen den Zeiten des Alten Testaments und der Blütezeit der Aufklärung ist der Gedanke der menschlichen Selbstermächtigung und Selbstvervollkommnung präsent gewesen. Man erkennt diesen Wunsch etwa am Beginn der Renaissance bei Giovanni Pico della Mirandola (1463–1494). Dieser Humanist legt Gott die an den Menschen gerichteten Worte in den Mund: «Weder haben wir dich himmlisch noch irdisch, weder sterblich noch unsterblich geschaffen, damit du wie dein eigener, in Ehre frei entscheidender, schöpferischer Bildhauer dich selbst zu der Gestalt ausformst, die du bevorzugst.»[6]

Mit der Aufklärung hat jedoch die Frage, ob der Mensch autonom – selbstgesetzlich – oder heteronom – fremden Gesetzen unterworfen – sei, zweifellos eine neue Qualität gewonnen. Denn die Vorstellung Gottes und dessen Bedeutung für die Gestaltung der Welt wird nun in verschiedenen Härtegraden bestritten. In der französischen Variante der Aufklärung reicht die Bandbreite vom Deismus Voltaires und Rousseaus bis zum Atheismus eines Diderot und d'Holbach. In Deutschland ist Wilhelm von Humboldt 1792 zum Schluss gekommen, dass die Moralität «schlechterdings nicht von der Religion abhängig oder überhaupt notwendig mit ihr verbunden» sei. Nicht um die Leugnung oder Bekämpfung der Religion bzw. Gottes geht es von Humboldt dabei, sondern darum, die religiöse Frage ausserhalb der politischen Bedeutsamkeit anzusiedeln. Religion sei «ein fremdes, von aussen einwirkendes Mittel». Der Staat solle sie weder hemmen noch fördern. Sie liege «ausserhalb der Grenzen der Wirksamkeit des Staates»[7], sodass ihr im 19. Jahrhundert der Weg in die Privatsphäre vorgezeichnet ist.

Der Optimismus betreffend den Traum des Menschen, sich als Bildhauer seiner selbst zu jener Gestalt ausformen zu vermögen, die er bevorzugt, ist heute fraglich geworden, auch wenn dieser Traum im Gewand des Post- und Transhumanismus noch einmal qualitativ ganz neue Resultate zeitigen möchte. Gleichwohl gilt es, den technologischen, medizinischen und wirtschaftlichen Fortschritt, den die instrumentelle Vernunft ermöglicht hat und wie ihn bereits Condorcet zu extrapolieren versuchte, dankbar anzuerkennen. Die «Dialektik der Aufklärung»[8] und ihre Kollateralschäden haben sich jedoch ebenfalls deutlich manifestiert. Eine neue «Aufklärung im Zeitalter des Lebendigen» wird deshalb heute gefordert, verbunden mit dem Appell, die gesellschaftliche und politische Ordnung zu überprüfen. Angesichts des Umschlagens unserer Zivilisation in Barbarei müsse man sich fragen, was von ihr fortgesetzt werden könne und was verworfen sowie bekämpft werden müsse. Denn unsere politische sowie gesellschaftliche Ordnung und unsere Kultur seien «zu Instrumenten eines irregeleiteten Rationalismus»[9] geworden.

Dass der Versuch der Entwicklung einer neuen «Aufklärung im Zeitalter des Lebendigen» keineswegs ein sinnloses Unterfangen ist, zeigt wiederum gerade der Marquis de Condorcet. In seinen im Jahr 1794 verfassten *Ratschlägen an seine Tochter* – die damals vierjährige Eliza – stehen die zeitgenössisch anmutenden Sätze: «Die zarte Empfindsamkeit, die eine Quelle des Glücks sein kann, hat ihren ersten Ursprung in dem natürlichen Gefühl, das uns den Schmerz jeden empfindsamen

Wesens teilen lässt. Bewahre also dieses Gefühl in seiner ganzen Reinheit, in seiner ganzen Kraft. Es sollte nicht auf die Leiden der Menschen beschränkt sein; menschlich solltest Du Dich selbst zu den Tieren verhalten. Mache deshalb die nicht unglücklich, die mit Dir verwandt sind; verschmähe nicht, Dich um ihr Wohlbefinden zu kümmern; sei nicht unsensibel gegenüber ihrer naiven und aufrichtigen Dankbarkeit; füge keinem von ihnen unnötige Schmerzen zu, denn dies ist wahrlich eine Ungerechtigkeit, eine Beleidigung der Natur.»[10]

Die Dinge haben jedoch einen anderen Verlauf genommen, wie die aktuellen Debatten zum Umgang mit unseren Mitgeschöpfen und der Natur zeigen. So scheint die Feststellung von Benjamin Constant auch heute noch Gültigkeit zu haben: «Die Aufklärung – les Lumières – vermag nur den Weg zu erleuchten, aber sie gibt dem Menschen keineswegs die Kraft, ihn zu gehen»[11]. In der Tat ist der Mensch in den letzten 250 Jahren immer wieder beim Versuch, aus eigener Kraft ein Elysium zu erschaffen, gescheitert, nicht selten begleitet von Kollateralschäden, welche die Aufklärer sich nicht im Ansatz vorzustellen vermochten. Geradezu als Antithese zu Condorcets These von der unbeschränkten Vervollkommnungsfähigkeit des Menschen liest sich da in unseren Tagen Hans Jonas. Angesichts der Revolution der Technik, deren Folgen für den Menschen und die Natur er als existenzbedrohend betrachtet, spricht er von einer «neuen Pflicht»: «Aus der Gefährdung geboren, dringt sie notwendig zu allererst auf eine Ethik der Erhaltung, der Bewahrung, der Verhütung und nicht des Fortschritts und der Vervollkommnung.»[12]

Die hier aufscheinende Dialektik der Vernunft zeigt dem Menschen, dass er nach wie vor im Gefängnis der Begrenztheit sowie der Endlichkeit sitzt und nicht auszubrechen vermag. Er kann zwar über seine Lage immer geistreicher reflektieren. Aber das ändert in der Sache nichts. Und je mehr er technischinstrumentell leisten kann, umso knapper wird die Ressource des Sinns, die er seinen Unternehmungen zu geben vermag. Denn je grösser die Leistung ist, umso bohrender stellt sich die Frage nach dem Wozu.

Eine Zeit lang hatte es so ausgesehen, als würde die Perfektibilität des Menschen, seine Fähigkeit zu stetiger Vervollkommnung, dazu führen, dass er dahin kommen würde, die Krücken der Religion ablegen zu können.[13] Entgegen manchen Wünschen, Hoffnungen oder Befürchtungen ist jedoch auch im 21. Jahrhundert die Frage der Religion nicht erledigt. Sie hat durch die Globalisierung noch an Aktualität gewonnen. Denn angesichts des Auftritts eines teilweise gewaltbereiten Islam geht es nun im Westen nicht mehr nur darum, sich am «Vorurteil» des Christentums abzuarbeiten.

Staat und Gesellschaft müssen somit damit rechnen, dass Religion lebt und dass ihre Anhänger auch heute auf diese beiden diesseitigen Wirklichkeiten in ihrem Sinn einzuwirken versuchen. Anders als in einigen Strömungen der Aufklärung wird dies in der Gegenwart nicht mehr durchweg als negativ betrachtet. Stellvertretend kann dafür Jürgen Habermas angeführt werden. Der liberale Staat dürfe die Gläubigen und die Religionsgemeinschaften nicht entmutigen, sich «als solche» auch politisch zu äussern, «weil er nicht wissen kann, ob sich die säkulare Gesellschaft sonst von wichtigen Ressourcen der Sinnstiftung abschneidet»[14].

So stellt sich auch heute die Frage, wie Religionen, die bezüglich ihrer Lehren von «Wahrheit» sprechen, gelebt werden können im Raum der Demokratie, die notwendigerweise dem weltanschaulichen und religiösen Pluralismus verpflichtet ist.

Was das Christentum betrifft, haben sich nach der Infragestellung durch die Aufklärung und nach dem Schock der Französischen Revolution zwei Denkrichtungen entwickelt. Friedrich Schleiermacher (1768–1834) versuchte bereits im

Jahr 1799, den «Verächtern» der Religion diese auf neue Art und Weise schmackhaft zu machen. Sein Rezept bestand in der Verdünnung der Religion zum «Sinn und Geschmack fürs Unendliche». Gott und die Unsterblichkeit seien nicht die «Hauptstücke» der Religion. Jede heilige Schrift sei zudem nur ein «Mausoleum der Religion». Um Letztere zu haben, müsse man zur Menschheit hinzutreten: «Da finden wir Stoff für die Religion.»[15] Es sind vorwiegend evangelische Glaubensgemeinschaften gewesen, die den von Schleiermacher gewiesenen Weg gegangen sind. Die damit verbundene inhaltliche Entkernung hat ihnen zwar dabei geholfen, weiterhin am gesellschaftlichen Diskurs teilzunehmen. Aber den Niedergang zu stoppen, ist dieser Strategie versagt geblieben. Und so sind die Adepten Schleiermachers dem Schicksal nicht entgangen, von der postchristlichen Gesellschaft bloss noch als vorläufig geduldete «feierliche Ergänzung» einer rein diesseitig verstandenen Welt betrachtet zu werden, wie schon Karl Marx geätzt hat.[16]

Die katholische Kirche hat einen anderen Weg eingeschlagen. Zwar gab es, was wenig bekannt ist, im Europa des 18. Jahrhunderts durchaus ernsthafte Aufklärungsbemühungen seitens von Teilen der katholischen Kirche, katholischer Fürsten und Gelehrter. Bedingt durch die Radikalisierung der Französischen Revolution trat jedoch eine jähe Wende ein. Dafür verantwortlich waren die Tötung sowie Vertreibung Tausender von Priestern, Ordensleuten und Gläubigen, die wahllose Abschlachtung von über 100'000 Menschen in der Vendée und die als widerrechtlich empfundene Zerstörung der gallikanischen Kirche sowie deren vollständige materielle Plünderung. Diese traumatisierenden Vorgänge bewirkten bis weit ins 20. Jahrhundert hinein den «Tod der katholischen Aufklärung». Die Folgen waren ultramontanistische Strömungen in vielen Teilen der Weltkirche und ein «päpstlicher Katholizismus». Dieser war von der Ablehnung dessen geprägt, wofür die Aufklärung und die Französische Revolution eingetreten waren: Grundrechte und Demokratie sowie die Gesellschaft der Freien und Gleichen. Diese Verweigerungshaltung der Päpste und erheblicher Teile des Episkopats, des Klerus sowie des Kirchenvolkes kann man aus der damaligen Lage heraus nachvollziehen, muss sie aber heute bedauern. Wie auch immer: Die tiefgehenden Verletzungen aus der Revolutionszeit haben dazu geführt, dass erst nach dem 2. Weltkrieg und dessen Verheerungen eine Wende im Hinblick auf die Anerkennung der Errungenschaften der Aufklärung eingetreten ist.[17]

Die Neubewertung der Erträge der Aufklärung wurde seitens der katholischen Kirche mit dem II. Vatikanischen Konzil spät, aber immerhin, geleistet. Dieses Konzil hat der katholischen Kirche und ihren Anhängern einen gangbaren Weg gewiesen, wie sie in der Gesellschaft der Freien und Gleichen präsent sein und wirken können. Im Folgenden ist zu zeigen, inwiefern dieses Konzept es auch anderen Religionsgemeinschaften ermöglicht, sich pluralismusverträglich in der freien und offenen Gesellschaft zu bewegen.[18]

Was die katholische Kirche heute vorschlägt, hat mehrere Vordenker, kirchliche und säkulare.[19] Wie einleitend bemerkt, eignet sich jedoch ein Denker besonders, um zu verdeutlichen, worum es bei der Neuaufstellung der katholischen Kirche, ja der Religionsgemeinschaften überhaupt, in der Gesellschaft der Freien und Gleichen geht. Er ist ein Mann der Aufklärung aus deren französischem Wiegenland, der erste und einer der bis heute relevanten Theoretiker der Demokratie: der Liberale Alexis de Tocqueville. Zu Recht hat der Dominikanertheologe Henri-Dominique Lacordaire diesen Philosophen, dem er im Jahr 1861 auf dem Sitz Nr. 18 der *Académie française* nachfolgte, in seiner bleibenden Bedeutung gewürdigt. Tocqueville sei zwar früh verstorben und deshalb wie ein «unvollendetes Gebäude» geblieben. Aber er sei einer jener «souveränen Namen, deren Reich nicht untergehen darf»[20].

Die neuzeitliche Auflösung des Ständestaats und der Aufstieg des Individuums

Die Französische Revolution ist nicht vom Himmel gefallen. Und was in ihrem Gefolge seit dem 19. Jahrhundert über die westlich-abendländische Welt hinaus zur Ausbildung von Gesellschaften der Freien und Gleichen sowie zur Anerkennung der Grundrechte geführt hat, hat seine entfernten Wurzeln im Christentum. Ihm steht das Privileg zu, das Individuum erfunden zu haben.[21] Denn die christlichen Märtyrer der ersten drei Jahrhunderte haben durch ihr Zeugnis weltgeschichtlich zum ersten Mal einen dem Staat vorenthaltenen freien Bereich des Gewissens des Individuums errungen. Ihr Blut ist nicht nur – wie der christliche Schriftsteller Tertullian (gestorben nach 220) festgestellt hat – ein Same der Christenheit geworden.[22] Es wurde auch zum Samen der Religionsfreiheit.[23] Denn diese Christen haben gegen den theokratisch verfassten römischen Staat eine «allen verfassungsrechtlichen Gewaltenteilungen vorausliegende christliche Gewaltenteilung»[24] zu etablieren vermocht.

Ein unverdächtiger Zeuge für die Neuartigkeit des Verhaltens der Christen der ersten Jahrhunderte stellt der Aufklärer und Historiker Edward Gibbon (1737–1794) dar, welcher der katholischen Kirche äusserst kritisch gegenüberstand. Bekanntlich schob er dem Christentum die Hauptschuld am Untergang des Römischen Reichs zu. Zu der in der damaligen theokratischen Kultur neuartigen Forderung der Christen nach Gewissensfreiheit stellt er jedoch unumwunden fest: «Die ganze Christenheit schlug alle Gemeinschaft mit den Göttern Roms, des Reiches und des übrigen Menschengeschlechts einmütig aus. Vergebens berief sich der bedrängte Gläubige auf das unveräusserliche Recht der Gewissensfreiheit und des eigenen Urteils. Auch wenn seine Lage beim philosophischen und gläubigen Teil der heidnischen Welt vielleicht Mitleid erregte, seine Gründe konnten weder diesem noch jenem je einsichtig sein. Dass es überhaupt Menschen gab, die Bedenken trugen, sich der eingeführten Gottesverehrung zu fügen, erschien ihnen nicht minder befremdlich, wie wenn diese einen plötzlichen Abscheu gegen Sitten, Tracht oder Sprache ihres Vaterlandes gefasst hätten.»[25] In einer von Gottesstaaten erfüllten Welt wurde diese Gewaltenteilung möglich, weil Jesus Christus seine Jünger aufgefordert hatte, Gott zu geben, was Gott gehört, aber eben auch dem Kaiser zu geben, was dem Kaiser gehört (vgl. Matthäus 22, 21).

In der Folge wurde das Christentum jedoch derart mächtig, dass es seine Anfänge vergass. Christen liessen andere die Intoleranz und Verfolgung fühlen, deren Opfer sie einst selbst geworden waren. Voltaire hielt den Christen deshalb in seiner Toleranz-Schrift entgegen: «Wollt Ihr Christus gleichen, so werdet Märtyrer, aber nicht Henker.»[26] Die Ursache für die mittelalterliche Vormachtstellung des Christentums lag darin begründet, dass die noch junge und theologisch wenig gefestigte Kirche zusammen mit der antik-römischen Konkursmasse in der Zeit der Völkerwanderung von stämmisch organisierten Völkern übernommen wurde. Der christliche Glaube durchdrang diese Völker zwar religiös. Die Sozialgestalt der Kirche wurde jedoch vom Gefolgschaftsdenken und vom Feudalismus der germanischen Kultur überformt, was zu jener ständisch geprägten «Christianitas» führte, die im Mittelalter und in der frühen Neuzeit zur vollen Entfaltung kam.

Einen Beleg dafür, dass man im 18. Jahrhundert unter den Aufklärern durchaus im Bilde war über diese nicht nur gegen, sondern auch für das Christentum sprechenden Entwicklungen, findet man bei Anne Robert Jacques Turgot (1727–1781), Aufklärer, Enzyklopädist und Staatsmann. In seinem im Jahr 1750 gehaltenen Vortrag *Philosophische Darstellung der allmählichen Fortschritte des menschlichen Geistes* erinnerte er daran, dass nur die katholische Religion antikes Wissen und römische Kultur tradiert habe. Zudem habe sie die «Auflösung des dunklen Götzendienstes, die Aufklärung der Menschen in Bezug auf die Gottheit» geleistet, als Europa das Opfer der Barbaren aus dem Norden geworden sei: «Die Aufbewahrung des Schatzes menschlichen Wissens, der sich beinahe aufgelöst hätte, ist eine Eurer Wohltaten!» Aber die dem Menschengeschlecht durch die Barbaren geschlagene Wunde sei zu tief gewesen. Es habe Jahrhunderte gedauert, bis sie geheilt worden sei. Es sei eine Vielzahl von kleinen Herrschaftsgebieten entstanden, in denen die Lehensgesetze gegolten hätten. Unter einer schwachen Zentralgewalt habe eine chaotische «Ordnung» geherrscht. Der «Geist einer feudalen Regierung, entstanden aus den alten Gebräuchen der Germanen», habe zu dieser Barbarei geführt, die – ausgehend von den Städten – erst allmählich habe überwunden werden können.[27] Durchgesetzt im allgemeinen Bewusstsein hat sich jedoch bekanntlich nicht Turgots Sichtweise, sondern die Rede vom «dunklen Mittelalter», wie sie etwa der zeitweilige Mitherausgeber der Enzyklopädie, Jean Lerond D'Alembert, in deren Einleitung vertreten hat.[28]

Wie auch immer man die historische Entwicklung und die Leistungen des Christentums in dieser Zeit beurteilt: Nach dem Ende des Römischen Reichs und bis in die Zeit der Französischen Revolution wurde – wie der evangelische Kirchenhistoriker Gerd Tellenbach treffend bemerkt hat – die Kirche «nicht nur beherrscht, sondern ihr wurde auch zur Herrschaft verholfen»[29]. Vielleicht am prägnantesten kommt die daraus resultierende Verbindung von Thron und Altar zum Ausdruck in dem im Jahr 1681 publizierten *Discours sur l'histoire universelle* des Bischofs von Meaux, Jacques Bénigne Bossuet (1627–1704). Als Prinzenerzieher war es dessen Aufgabe, dem Dauphin – dem Thronfolger – die herrschende Lehre betreffend das Bündnis von Staat und Kirche zu vermitteln. Ein König zeichne sich mehr durch seinen Glauben als durch seine anderen bewunderungswürdigen Eigenschaften aus, dozierte Bossuet. Deshalb lasse der König innerhalb und ausserhalb seines Reiches der Religion «seinen kräftigen Schutz» angedeihen. Seine Gesetze seien für die Kirche die festesten Bollwerke. Und sein Ansehen behaupte sich niemals fester, «als wenn er die Sache Gottes verteidigt». Die Darlegung der absolutistischen Staatsdoktrin sowie der Allianz von Thron und Altar liess Bossuet, der «Adler von Meaux», in den Sätzen gipfeln: «Möge Ihr erlauchtes Haus, das erste an Würde in der ganzen Welt, auch das erste in der Verteidigung der Rechte Gottes sein. Möge es auf dem ganzen Erdkreis das Reich Jesu Christi erweitern, welcher es mit so strahlendem Ruhm regieren lässt!»[30]

In diesem «gottgewollten» Sinn koalierten Staat und Kirche und standen sich zugleich während Jahrhunderten als «vollkommene Gesellschaften» gegenüber. Sie begegneten sich nicht im Individuum – politisch verstanden als Bürger, religiös als Christenmensch –, sondern, auf verschiedenen Ebenen, in ihren Repräsentanten: Kaiser und Papst, König und Bischöfe, Bürgermeister und Pfarrer. Es gehört zu den Charakteristiken dieser mittelalterlichen Welt, dass man diese Schichtung der Gesellschaft in Stände als gottgegeben ansah. Die Gleichheit der Menschen erblickte man erst im Tod, was sinnenhaft noch heute in den Totentänzen betrachtet werden kann.[31]

Mit dem Erstarken der Städte sowie der Herausbildung der Zünfte und eines damit verbundenen, zusehends wohlhabenden sowie gebildeten Bürgertums entstand den tonangebenden Schichten der Monarchie bzw. Aristokratie sowie der kirchlichen Hierarchie bereits im Spätmittelalter und dann in der frühen Neuzeit allmählich ein Gegenspieler. Exemplarisch steht dafür der 1688 erstmals erschienene Klassiker *Die Charaktere oder die Sitten des Jahrhunderts* von Jean de La Bruyère (1645–1696). Er zeigt, wie sich die gesellschaftliche Gleichheit und die Rückkehr des Individuums Bahn zu brechen begannen. Über die Aristokratie getraute sich La Bruyère zu schreiben: «Diese Männer, die Geburt, Gunst oder Amt so hoch emporgehoben haben, diese klugen, fähigen Köpfe, diese artigen, geistreichen Frauen: sie mögen das Volk noch so verachten, auch sie sind Volk.»[32] Und er analysierte anschaulich, wie die Bürger durch fachliche Kompetenz und wachsenden Wohlstand in Staat sowie Gesellschaft aufgestiegen und zu einer an Bedeutung stetig zunehmenden Kraft geworden sind: «Sie unterrichten sich über die inneren und äusseren Angelegenheiten eines Reiches, machen sich mit der Regierungskunst vertraut, gewinnen Einsicht und politischen Sinn, lernen die Stärke und die Schwäche eines Staates kennen, trachten danach, ihre Stellung zu verbessern, verbessern sie, steigen immer weiter empor, werden mächtig und entheben den Fürsten der Sorge um einen Teil der Staatsgeschäfte. Die Grossen, die vordem auf sie herabsahen, erweisen ihnen Achtung: glücklich, wenn sie ihre Schwiegersöhne werden.»[33]

Es war dann die englische und französische Aufklärung, die – vorerst auf der theoretischen Ebene – dem Individuum den Vorrang (zurück-)gegeben hat vor jeder Scheidung in gesellschaftlich-politische Stände und vor jeder Unterwerfung unter die staatliche sowie kirchliche Gewalt. Grundlegend ist John Locke, der in seiner im Jahr 1690 publizierten *Zweiten Abhand-*

lung über die Regierung das Individuum direkt unter den Schöpfer stellte: «Alle Menschen nämlich sind das Werk eines einzigen allmächtigen und unendlich weisen Schöpfers, die Diener eines einzigen souveränen Herrn, auf dessen Befehl und in dessen Auftrag sie in die Welt gesandt wurden.»[34] Die Freiheit des Menschen als Geschöpf sei unveräusserlich: «Niemand kann mehr Gewalt verleihen, als er selbst besitzt. Und wer sich sein eigenes Leben nicht nehmen darf, kann keinem anderen Gewalt darüber verleihen.»[35] In seinem Grundlagenwerk über die Toleranz kommentiert Rainer Forst diese Position folgendermassen: «Der Mensch tritt direkt vor bzw. unter Gott und tritt damit den irdischen Institutionen des Staates und auch der Kirche gegenüber; seine irdische Freiheit ist darin begründet, dass er ein Diener Gottes ist. (...) Mit anderen Worten schiebt sich der Einzelmensch an die Stelle, die zuvor die Kirche bzw. der Staat als direkt von Gott autorisierte und eingesetzte Institutionen innehatten.»[36] Diese Überzeugung wurde auch zum Kern der französischen Aufklärung. So fand Lockes Position in Denis Diderots Artikel *Autorité politique* in der *Enzyklopädie* ihren Widerhall: «Die Freiheit ist ein Geschenk des Himmels. (...) Der Mensch soll und darf sich nicht ganz und vorbehaltlos einem anderen Menschen ausliefern, weil er einen allerhöchsten Gebieter hat, dem allein er ganz gehört. Das ist Gott, dessen Gewalt über das Geschöpf immer unmittelbar ist.»[37]

Es waren solche Lehren, die seit dem späten 17. Jahrhundert zur politischen Macht eine Gegenwirklichkeit schufen, die in den philosophischen Salons, in der von der Zensur tolerierten Literatur und in den Freimaurerlogen lebendig war. Über alle Stände und Schichten hinweg wurde dort heimlich bereits Freiheit, Gleichheit und Brüderlichkeit gelebt. Je länger diese philosophische Unterminierung des aristokratisch-absolutistischen Staates andauerte und je stärker sich der schon von La Bruyère beschriebene Prozess der Machtübernahme des Bürgertums manifestierte, umso näher rückte die Stunde der Revolution. Denn der absolutistische Staat, die mit ihm verflochtene Kirchenhierarchie und damit die seit dem Mittelalter überkommene ständische Gesellschaftsordnung wurden von den Aufklärern immer schonungsloser vor das Tribunal der Vernunft gestellt und moralisch verurteilt.[38] Zuletzt war es der ehemalige Generalvikar von Chartres, Abbé Emmanuel Sieyès, der im Vorfeld der Generalstände von 1789 den Fanfarenstoss zum Sturz des *Ancien Régime* gab mit seiner Flugschrift, deren Botschaft lautete: «Was ist der dritte Stand? Alles.»[39] Das Überlaufen der Mehrheit des ersten Standes – es waren die Pfarrer, der «niedere Klerus», der die Mehrheit dieses Standes bildete – zum dritten Stand liess anlässlich der Generalstände im Jahr 1789 ein jahrhundertealtes Gebäude, das aus der Zeit des Lehenswesens und des Feudalismus stammte, in atemberaubender Geschwindigkeit in sich zusammenfallen.[40]

Was oft verkannt wird: Die katholische Kirche war auf beiden Seiten der Französischen Revolution gestanden. Sie geriet jedoch bald unter die Räder dieser Revolution, zahlte einen hohen Blutzoll und verlor ihre gesamten Güter. Später sollte sie durch die Zivilkonstitution demokratisiert und als *service public* in die neue Republik integriert werden. Napoleon gab der Kirche zwar durch das Konkordat von 1801 mit Papst Pius VII. wieder eine gesicherte rechtliche und gesellschaftliche Stellung. Er band sie aber durch die Staatsbesoldung des Klerus in demütigender Weise an die Politik. Auch die vermögensrechtliche Lage der Kirche wurde saniert.[41] Aber damit war die Frage in keiner Art und Weise geklärt, welche Sozialgestalt die Kirche in einem sich im 19. Jahrhundert zusehends demokratisierenden Staat annehmen sollte und wie sie unter völlig veränderten politischen sowie gesellschaftlichen Rahmenbedingungen ihre Sendung weiterhin würde erfüllen können.

Alexis de Tocqueville und die Religion

Alexis de Tocqueville (1805–1859)[42] war ein «Liberaler einer neuen Art», wie er sich selbst nannte. In dieser Selbstbeschreibung kommt zum Ausdruck, dass er – im Gegensatz zu anderen Vertretern des Liberalismus seiner Zeit – nicht zuletzt der Religion eine besondere Bedeutung beigemessen hat für den nachhaltigen Bestand der Gesellschaft der Freien und Gleichen.[43] Tocqueville war also kein Gegner der Religion, des Christentums oder der katholischen Kirche. Als französischer Adliger war er vielmehr dem katholischen Glauben gefühlsmässig verbunden.[44] Und er war davon überzeugt, dass die Menschen sich vom religiösen Glauben nur infolge einer geistigen Verwirrung sowie einer Art von sittlicher Vergewaltigung ihres Wesens entfernen würden; ein unsichtbarer Hang führe sie jedoch bald wieder zum Glauben zurück. Der Unglaube sei eine vorübergehende Erscheinung. Der Glaube allein stelle den dauernden Zustand der Menschheit dar.[45]

Persönlich jedoch rang Tocqueville ein Leben lang mit dem christlichen Glauben. An seinem Lebensabend offenbarte er einem Freund seine Seelenlage. Sie zeigt einen Menschen, der zutiefst darüber betrübt war, dass ihm der Glaube seiner Kindheit abhandengekommen war: «Die Wahrheit ist, dass ich nichts schmerzlicher ertragen habe als die Last jener Dunkelheit, die alle Gegenstände des anderen Lebens umgibt. Stets habe ich das Bedürfnis nach dieser Grundlage verspürt, nach diesem festen Boden, auf den das Leben gebaut sein sollte. Wenn Sie ein Rezept für das Glauben kennen, bei Gott!, geben Sie es mir. Aber was vermag der Wille gegenüber den freien Gedankengängen des Geistes? Wenn, um zu glauben, ausreichen würde, es zu wollen, wäre ich schon lange gläubig. Oder mehr noch: Ich wäre es immer gewesen. Denn der Zweifel hat mir auf dieser Welt immer als das unerträglichste aller Übel gegolten. Ich habe ihn stets für schlimmer als den Tod gehalten. (...) Wenn Gott nicht allen die Gabe geschenkt hat zu beurteilen, was wahr ist, so hat er wenigstens jedem von uns das Vermögen zugeteilt, zu spüren, was gut und anständig ist. Und das reicht aus, um als Faden in den Dunkelheiten zu dienen.»[46] Schon im Jahr 1843 schrieb Tocqueville einem Vertrauten: «Ich bin nicht gläubig, und wenn ich das sage, bin ich weit davon entfernt, mich damit zu brüsten. Aber so ungläubig ich bin, konnte ich mich doch nie gegen eine tiefe Empfindung wehren, wenn ich das Evangelium gelesen habe.»[47]

Es blieb somit bei Tocqueville bei einem allgemeinen Gottesglauben. Begleitet von einem lebenslangen Zweifel, glaubte er dennoch an ein ewiges Leben. Tieftraurig schrieb er an seinen Bruder Edouard, als er 1831 die Todesnachricht über ihren gemeinsamen Erzieher und Lehrer, Abbé Lesueur, erhielt: «Ich habe in meinem Leben vieles über die Unsterblichkeit der Seele gelesen, und ich war nie so vollständig davon überzeugt wie heute. Dass derjenige, wie unser guter Freund, der nur gelebt hat, um Gutes zu tun, das gleiche Schicksal erleiden soll wie die grössten Verbrecher: dagegen erheben sich meine Vernunft und mein Herz mit einer Heftigkeit, die ich noch nie erlebt habe.»[48]

In einem im Jahr 1857 gemachten Bekenntnis gegenüber Sophie Swetchine, einer gläubigen Christin, deren Salon er an seinem Lebensabend frequentierte, schrieb er über die «Krankheit» des Zweifels: «Glücklich sind die, welche sie nie gekannt haben oder sie nicht mehr kennen!»[49] Zugleich grenzte sich Tocqueville deutlich vom Atheismus ab, der einen Teil der französischen Aufklärung geprägt hatte. Mit seiner ihm eigenen analytischen Schärfe charakterisierte er den Hochmut, der nicht selten ein Kennzeichen militanter Atheisten sei: «Vieles verletzt mich bei den Materialisten. Ihre Lehren erscheinen mir verderblich, und ihr Hochmut empört mich. Falls ihre Weltanschauung dem Menschen irgendwie nützen könnte, dann vielleicht dadurch, dass sie ihm eine bescheidene Meinung von sich selber eingibt. Zu dieser Erkenntnis aber führen sie nicht, und wenn sie ausreichend festgestellt zu haben glauben, sie seien nichts als Vieh, so gebärden sie sich so stolz, als hätten sie ihre Göttlichkeit nachgewiesen.»[50]

Es ist deshalb nicht angemessen, in Tocqueville einen Zyniker zu sehen, welcher der Religion – unabhängig von ihrem Wahrheitsgehalt – bloss utilitaristisch eine politisch und sozial nützliche Funktion für Staat und Gesellschaft zuweisen wollte.[51] Vielleicht kommt Tocquevilles prekäre Lage am besten dadurch zum Ausdruck, dass er in seinem Amerika-Buch Blaise Pascals berühmte Wette zu bedenken gegeben hat: «Pascal hat gesagt: ‹Zu irren, indem man die christliche Religion für wahr hält, bedeutet kein grosses Wagnis; welches Unglück jedoch, sie irrend für falsch zu halten!›»[52]

Tocquevilles Traum: Die Versöhnung von freier Gesellschaft und Religion

Mangelnden Realismus, Voreingenommenheit und Parteilichkeit wird man Alexis de Tocqueville kaum vorwerfen können. Auch er selbst war dieser Ansicht. Apodiktisch bemerkte er diesbezüglich einmal: «Ich neige zu keiner Tradition, zu keiner Partei und zu keinem Anliegen, wenn nicht zu dem der Freiheit und der Menschenwürde. Dessen bin ich mir sicher.»[53]

Obwohl dem Adel der Normandie entstammend, war für ihn deshalb auch klar, dass es in Frankreich keine Restauration der Monarchie und der Aristokratie im Sinne des *Ancien Régime* mehr geben würde. «Wer ist der Mann, nicht nur in Frankreich, sondern in Europa, der sich mehr als ich bemüht hat zu beweisen, dass die Aristokratie für immer ihre grossen Vorrechte verloren hat?», fragte Tocqueville rhetorisch im Jahr 1839 einen Freund.[54] Die Demokratisierung bedeutete für Tocqueville einen unumkehrbaren Prozess. Es galt deshalb, diesen nicht zu bekämpfen, sondern die im Entstehen begriffene Demokratie zu begleiten sowie zu stützen, damit sie nicht in eine neue Form von Despotismus entarte.

Unter dem Vorwand, das Gefängnissystem der Vereinigten Staaten von Amerika zu studieren, reiste Tocqueville zusammen mit seinem Freund Gustave de Beaumont in den Jahren 1831 und 1832 quer durch die USA. Das nicht offiziell erklärte, aber eigentliche Ziel dieser Reise war es, die dort bereits recht robuste und in der Praxis funktionierende Demokratie zu studieren. Gegenüber seinem Freund Kergorlay hat Tocqueville denn auch im Jahr 1835 die wahren Absichten seiner Reise zugegeben: «Das Gefängnissystem war ein Vorwand: Ich habe es als Reisepass verwendet, der mich überall in die Vereinigten Staaten hat hineingehen lassen.»[55] Die gewonnenen Einsichten sollten dann für das aus der Revolution hervorgegangene Frankreich fruchtbar gemacht werden: «Obwohl ich sehr wenig über Frankreich gesprochen habe in jenem Buch, habe ich keine einzige Seite geschrieben, ohne an Frankreich zu denken und ohne es sozusagen vor Augen zu haben», liess er Kergorlay im Jahr 1847 wissen.[56] Nach langem Abwägen und Systematisieren des umfangreichen Materials, das er aus den USA mitgebracht hatte, veröffentlichte Tocqueville schliesslich in den Jahren 1835 und 1840 in zwei Teilbänden sein zum Klassiker gewordenes Werk *Über die Demokratie in Amerika*[57] – «das beste Buch, das je über die Demokratie und je über Amerika geschrieben wurde», wie die Harvard-Gelehrten Harvey C. Mansfield und Delba Winthrop versichern.[58]

Dieses Werk ist nicht nur von bleibender Bedeutung für die politische Philosophie, die Staatsrechtslehre und die Soziologie. Es hat auch für die Religion, für die katholische Kirche im Besonderen, eine eminente Bedeutung. Denn, wie erwähnt, gehört Tocqueville – zusammen mit Benjamin Constant (1767–1830)[59] – zu jenen Liberalen, die der Religion, insbesondere der christlichen, eine grundlegende Bedeutung für das Funktionieren und den Bestand der Demokratie zugeschrieben haben. Tocqueville hebt sich damit ab von einer Interpretation von Aufklärung sowie Demokratie, die in beidem Feinde des Christentums sowie der katholischen Kirche gesehen hat und teilweise immer noch sieht.

Freilich war sich Tocqueville bewusst, dass er mit seiner Sichtweise gerade bei den Katholiken sowie bei der Kirchenhierarchie seiner Zeit einen schweren Stand haben würde. Dem war nicht nur so, weil er als Liberaler die Religionsfreiheit selbstverständlich als Teilbestand der modernen Freiheitsrechte bejahte und sich – wie zu zeigen sein wird – zur Trennung von Staat und Kirche bekannte. Zu frisch war auch die Erinnerung an das Blutbad der Französischen Revolution. Und unvergessen waren die staatliche Übergriffigkeit, mit der die einst stolze gallikanische Kirche zerstört worden war, sowie der Versuch, deren Überreste zu einer Staatsanstalt umzufunktionieren. Nicht ohne Bedauern blickte Tocqueville deshalb auf die zahlreichen traumatisierten Christen, die sich im 19. Jahrhundert der Nostalgie hingaben und die sich nicht selten mit Royalisten sowie Reaktionären verbanden. Da die Christen sähen, dass der erste Gebrauch, den der Mensch in ihrem Heimatland von der Unabhängigkeit gemacht habe, in einem Angriff auf die Religion bestanden habe, fürchteten sie ihre Zeitgenossen und entfernten sich voller Schrecken von der Freiheit, nach der jene strebten. Da sie den Unglauben für etwas Neues hielten, betrachteten sie alles Neue mit dem gleichen Hass. Sie befänden sich also mit ihrem Jahrhundert und mit ihrem Land im Krieg. Und in jeder Meinung, die man dort vertrete, sähen sie zwangsläufig eine Feindin des Glaubens.[60] Damals und noch für lange Zeit schwebte der Geist Joseph de Maistres (1753–1821) über diesen Katholiken, seien sie Bischöfe, Priester oder in den weltlichen Zusammenhängen lebende Gläubige. De Maistre hatte bereits im Jahr 1796 programmatisch für das reaktionäre Lager festgestellt: «In der französischen Revolution liegt etwas Teuflisches, das sie von allem unterscheidet, was man bisher erlebt hat und noch erleben wird.»[61]

Zu frisch war zu Tocquevilles Lebzeiten auch die Erinnerung an das Drama der Zeitung *L'Avenir*[62]. Diese war nach der Julirevolution von 1830 angetreten mit dem Anspruch, die aus der Französischen Revolution hervorgegangene Gesellschaft und den politischen Liberalismus mit dem christlichen Glauben, der katholischen Kirche im Besonderen, zu versöhnen. Dieses Vorhaben verband sich mit den Namen der beiden Priester Félicité Robert de Lamennais (1782–1854)[63] und Henri Lacordaire (1802–1861)[64] sowie von Charles de Montalembert (1810–1870)[65].

Was sei innerhalb von 50 Jahren nach dem Sturz der Monarchie Ludwigs XVI., der Republik, des Direktoriums, der Konsuln, des Kaiserreichs und der Monarchie gemäss der *Charte* von 1814 noch an Beständigem übriggeblieben, fragte Lamennais in der Ausgabe des *L'Avenir* vom 16. Oktober 1830. Es seien nur zwei Dinge: «Gott und die Freiheit»[66]. Unter diesem Motto forderte *L'Avenir* in einem atemberaubenden Stakkato von Beiträgen die Gewissens- bzw. Religionsfreiheit und daraus folgend die Aufkündigung des Konkordats von 1801, das zusammen mit den «Organischen Artikeln» die Kirche in Frankreich knechtete. Um nicht mehr und nicht weniger als um die vollständige Trennung von Staat und Kirche ging es somit Lamennais und seinen Mitstreitern. Ebenfalls verlangte *L'Avenir* die Lehrfreiheit, also die Möglichkeit, staatsunabhängige Schulen gründen zu dürfen. Gegen staatliche Bevormundung forderte die Zeitschrift ferner die Pressefreiheit und die Vereinigungsfreiheit ein.[67]

Diese zumindest in Europa für die katholische Welt völlig neuartigen Forderungen verdankten sich der Einsicht, dass die Kirche nicht länger der mittelalterlichen und absolutistischen Tradition folgend auf ein Bündnis mit den Monarchien setzen, sondern sich mit den Rechten und den Freiheiten des Volkes verbinden sollte. Denn es schien vor allem Lamennais klar, dass die Zeit auch der restaurierten, konstitutionellen Monarchien daran war, abzulaufen. Deshalb sollten die Freiheitsrechte der Kirche und der einzelnen Christen nicht mehr durch Privilegien, welche die Kirchenleitung über die Köpfe der Menschen hinweg mit den Mächtigen aushandelte, gesichert werden. Vielmehr galt es nun gemäss Lamennais und seinen Verbündeten, für alle Bürger und Organisationen die vollen staatsbürgerlichen Freiheitsrechte einzufordern, um dadurch als Christen und als Kirche ebenfalls in deren Genuss zu kommen. Nur so werde sich die Kirche wieder mit den Interessen des Volkes verbinden und fruchtbar wirken können.[68]

Die Bischöfe Frankreichs waren demgegenüber in ihrer grossen Mehrheit noch vorrevolutionärem und gallikanischem Denken verhaftet. Sie fürchteten angesichts der in *L'Avenir* aufgestellten Forderungen eine neue Französische Revolution. Sie erstarrten vor einem «machtvollen Triumvirat, das dafür kämpfte, eine neue Welt zu schaffen auf der Basis der schockierenden und berauschenden Idee, den Katholizismus und den Liberalismus zu verheiraten»[69]. Im Sinne des Diktums von Marie von Ebner-Eschenbach, wonach die glücklichen Sklaven die erbittertsten Feinde der Freiheit sind[70], wollten die Oberhirten Frankreichs es lieber weiterhin in Kauf nehmen, dass der zusehends kirchenferne Staat faktisch die Bischöfe ernannte und die Bestellung anderer kirchlicher Amtsträger beeinflusste, dass er die Versammlung der Bischöfe verbot und sich in Lehre sowie Kultus der Kirche einmischte. Denn dafür winkte das mit dem Konkordat von 1801 geschaffene Privileg der Staatsbesoldung des Klerus und dessen zumindest nominell gesicherte Stellung im Staatsaufbau. Dementsprechend wussten sich die französischen Oberhirten gegen Lamennais in Rom Gehör zu verschaffen.[71]

Zusätzlich vom Österreich Metternichs sowie von anderen Monarchien bestärkt und bedrängt, verurteilte in der Folge Papst Gregor XVI. (1831–1846) mit der Enzyklika *Mirari vos* vom 15. August 1832 die Forderungen von *L'Avenir*.[72] Geradezu brutal verwarf er die Gewissensfreiheit als «Wahnsinn» sowie als «seuchenartigen Irrtum». Ebenso verurteilte er die Pressefreiheit sowie die Trennung von Staat und Kirche.

Mit diesem brachialen Verdikt leistete der Papst der bis heute verbreiteten Meinung Vorschub, «dass ein unversöhnlicher Widerspruch zwischen dem römischen Katholizismus und aller politischen Freiheit bestünde», wie Lamennais treffend voraussagte. Er tat dies nach der zwangsweisen Einstellung von *L'Avenir*, die bereits im Jahr 1831 erfolgt war, in seiner Abrechnung mit Gregor XVI., die unter dem Titel *Angelegenheiten Roms* im Jahr 1836 erschien.[73] In seinen Bemerkungen gegenüber einem römischen Vertrauten hatte Lamennais bereits im Jahr 1833 seiner Frustration Luft gemacht: Im Vatikan seien, wie es dort üblich sei, nicht die Grundsätze gewogen worden, sondern die Kräfte. Und da seien Lamennais und seine Mitarbeiter gegenüber ihren Gegnern als Leichtgewichte erschienen. Ja, die Kirche werde von prinzipienlosen Männern geführt, die als einziges Ziel zeitliche, in erster Linie politische Interessen verfolgten. Mittels schändlicher Lobhudelei und feiger Konzessionen stellten sie sich gut mit Herodes und machten den «diplomatischen Pilatussen» unterwürfig den Hof. So kreuzigten sie Christus täglich aus Staatsraison.[74]

Machte sich Tocqueville über die kirchlichen Verhältnisse seiner Zeit keine Illusionen, so war er auch Realist in Bezug auf die politische Situation, die sich seit dem Ende der Napoleonischen Ära in Frankreich entwickelt hatte. Diese war nach wie vor ebenso geprägt von klerikal-revanchistischem Gedankengut wie von einer religionsfeindlichen Stimmung in breiten Kreisen der herrschenden Schichten. Tocqueville war überzeugt, dass diese Frontstellung der Kirche und dem Staat sowie der Gesellschaft schadete. Man habe zwischen den religiösen und den liberalen Ideen bedauerliche und verhängnisvolle Spaltungen entstehen sehen, die hoffentlich nicht für immer bestehen bleiben würden. Es seien Spaltungen, die er aus tiefster Seele bedaure und die er als das grösste Unglück betrachte, das der Gesellschaft seiner Zeit zustossen könne. Und apodiktisch stellte er fest: «Wenn sich die Religion von der Freiheit trennt, wird sie die Seelen niemals zu der Höhe erheben, wie sie es vermöchte, und sie wird niemals wirklich gross werden. Auf der anderen Seite bin ich zutiefst davon überzeugt, dass der Freiheit, wenn sie sich definitiv und vollständig von den Glaubensüberzeugungen trennt (...), jenes Element der Moralität, der Stabilität, der Ruhe und des Lebens fehlt, das allein sie gross und fruchtbar macht.»[75]

Tocqueville liess sich jedoch von den widrigen Zeitumständen nicht entmutigen. Denn sein politisches Engagement galt von Anfang an einer Vision: «Einer meiner Träume, der erste vielleicht, als ich in das politische Leben eintrat, war es, dafür zu arbeiten, den liberalen Geist mit dem Geist der Religion zu versöhnen, die neue Gesellschaft mit der Kirche.»[76] An Charles de Montalembert schrieb er im gleichen Sinn im Jahr 1852: «Niemals war ich mehr als heute davon überzeugt, dass nur die Freiheit zählt (...) und die Religion, die beide gemeinsam die Menschen über den Sumpf zu erheben vermögen, in den demokratische Gleichheit sie natürlicherweise treibt, sobald ihnen eine dieser beiden Stützen fehlt.»[77] Denn es gehörte zu Tocquevilles Credo, dass die im Entstehen begriffene Gesellschaft der Freien und Gleichen keinen unversöhnlichen Gegensatz zur Religion, auch nicht zur katholischen, darstelle, im Gegenteil: «Die Religion sieht in der bürgerlichen Freiheit eine edle Betätigung menschlicher Kräfte; in der politischen Welt ein Arbeitsfeld, das Gott dem Geiste erschlossen hat. In ihrem Bereich frei und mächtig, zufrieden mit dem ihr zugewiesenen Platz, weiss sie ihre Herrschaft umso fester gegründet, je mehr sie, nur durch ihre eigenen Kräfte gelenkt, frei von jeder Stütze, über die Herzen herrscht. Die Freiheit sieht in der Religion die Gefährtin ihrer Kämpfe und ihrer Siege, die Wiege ihrer Kindheit, den göttlichen Quell ihrer Rechte. Sie betrachtet die Religion als Schutzwehr der Sitte, die Sitte als Bürgschaft der Gesetze und als Pfand ihres eigenen Bestehens.»[78]

Auf dieser Einsicht bestand Tocqueville auch in seinem zweiten grossen Werk – *Der alte Staat und die Revolution* –, in welchem er den Ursachen für den Ausbruch der Französischen Revolution nachging. Darin stellte er fest: «Es ist ein grosser Irrtum zu glauben, dass eine demokratische Gesellschaft der Religion von Natur aus feindselig gesinnt sei: Nichts im Christentum, auch nicht im Katholizismus, ist dem Geist solcher Gesellschaften unbedingt entgegen, und manches darin ist ihm sehr günstig.»[79] Und fast schon legendär sind Tocquevilles lapidare Sentenzen: «Das Christentum ist eine Religion freier Menschen»[80] sowie «Die Freiheit ist eine Tochter des Christentums. Der Despotismus kann auf die Religion verzichten, die Freiheit nicht.»[81]

Tocqueville wandelte damit auf den Spuren von Félicité de Lamennais, der schon im Jahr 1830 in der Zeitung *L'Avenir* betont hatte: «Nicht nur gibt es nichts im Katholizismus, das mit der Freiheit unvereinbar ist. In Wirklichkeit ist er vielmehr deren einzige feste und dauerhafte Grundlage.»[82] Und so konnte Tocqueville im Jahr 1853 resümieren: «Die wahre menschliche Grösse ist nur im Zusammenspiel des Gefühls der Freiheit und des Gefühls der Religion zu erreichen, welche beide gleichzeitig dahin wirken, die Seelen zu inspirieren und zu zügeln. Während dreissig Jahren ist es meine einzige politische Leidenschaft gewesen, dieses Zusammenspiel zu gewährleisten.»[83]

Die Religion als Garantin der Freiheit in der Demokratie

Weshalb schrieb Tocqueville gerade der Religion eine so grosse Bedeutung für das Bestehen und Gedeihen der Demokratie zu?[84] Der Grund dafür lag in dem, was er in den USA beobachtet hatte: Die Gesellschaft der Freien und Gleichen bedurfte dringend einer sittlichen Stütze, wollte sie nicht zu einem Despotismus der Mehrheit oder des allumfassenden, das Individuum vereinnahmenden Staates degenerieren. Und die Sitten konnten keine andere Grundlage haben als die Religion. Die Vitalität von Herzen kommender Religiosität, wie Tocqueville sie in den Vereinigten Staaten bei protestantischen Denominationen, aber auch in der prosperierenden katholischen Kirche erkannt hatte, bestärkten ihn in dieser Überzeugung.

Die Art der Unterdrückung, die den demokratischen Völkern drohe, werde sich mit nichts, was sich bisher ereignet habe, vergleichen lassen, stellte Tocqueville im Jahr 1840 im zweiten Band seines Amerika-Buches mit fast wahrsagerischer Fähigkeit fest. Man begegne in der neuen Massendemokratie einer Menge ähnlicher und gleichgestellter Menschen. Diese seien rastlos in Bewegung, um sich kleine und gewöhnliche Vergnügungen zu schaffen, die ihr Gemüt erfüllten. In seiner Vereinzelung stehe jeder Mensch dem anderen fremd gegenüber. Die Verwandten und die persönlichen Freunde seien seine ganze Welt. Über diesen vereinzelten Menschen erhebe sich eine gewaltige, bevormundende Macht. Diese sei nicht despotisch, sondern daran interessiert, den Menschen ihre Genüsse zu ermöglichen. Sie arbeite für deren Wohl, sichere ihre Bedürfnisse ab und erleichtere ihre Vergnügungen. Und Tocqueville fragte ironisch zur Rolle eines solchen Nanny-Staats, die dieser gegenüber den Bürgern einzunehmen drohte: «Könnte er ihnen nicht auch die Sorge des Nachdenkens und die Mühe des Lebens ganz abnehmen?» Denn die fürsorgliche Macht des Staates entwöhne den Bürger allmählich der freien Selbstbestimmung. Der alles umsorgende Staat breche zwar nicht den Willen, aber er schwäche, beuge und leite ihn. Und Tocqueville resümierte, ein solcher Staat «tyrannisiert nicht, er hemmt, er drückt nieder, er zermürbt, er löscht aus, er stumpft ab, und schliesslich bringt er jedes Volk so weit herunter, dass es nur noch eine Herde ängstlicher und arbeitsamer Tiere bildet, deren Hirte die Regierung ist»[85].

Was Tocqueville in den USA beobachtet hatte, muss ihn sehr beunruhigt haben. Denn er ging so weit, davor zu warnen, dass die Vereinzelung, die politische Abstinenz und das Überhandnehmen des fürsorglichen Staates zur Machtübernahme durch einen Diktator führen könnten. Wenn die Religion in einem Volke zerstört werde, bemächtige sich der Zweifel der höchsten Bereiche des Geistes und lähme alle anderen zur Hälfte. Jeder gewöhne sich an verworrene und veränderliche Kenntnisse in den Dingen, die seine Mitmenschen und ihn selbst am meisten angingen. Man verteidige seine Ansichten unzulänglich, oder man gebe sie preis. Und da man nicht hoffe, die grössten Fragen über die Bestimmung des Menschen allein lösen zu können, finde man sich feige damit ab, daran nicht zu denken. Ein solcher Zustand müsse unvermeidlich die Seelen zermürben. Er schwäche die Spannkraft des Willens und bereite die Bürger auf die Knechtschaft vor. Es komme dann nicht nur vor, dass diese sich ihre Freiheit rauben liessen, sondern sie gäben sie oft selbst preis. Bleibe weder im Religiösen noch im Politischen eine Autorität bestehen, so erschreckten die Menschen bald ob der unbegrenzten Unabhängigkeit. Die ständige Unrast aller Dinge beunruhige und ermüde sie. Da im Bereich des Geistes alles in Bewegung sei, wollten sie, dass zumindest in den materiellen Dingen alles gefestigt und dauerhaft sei. Und Tocqueville prophezeite solch existentiell verunsicherte Bürger betreffend: «Da sie sich ihrem früheren Glauben nicht wieder zuwenden können, schaffen sie sich einen Herrn an».

Vor dieser bedrohlichen Kulisse wagte Tocqueville schliesslich die Sentenz: «Was mich betrifft, so bezweifle ich, dass der Mensch jemals eine völlige religiöse Unabhängigkeit und eine vollkommene politische Freiheit ertragen kann. Ich bin geneigt zu denken, dass er, ist er nicht gläubig, hörig werden, und ist er frei, gläubig sein muss.»[86]

Die Religion sei einerseits ein Schutzwall gegen die beschriebenen Entwicklungen: Erlaube das Gesetz dem Volk, alles zu tun, so hindere die Religion es, alles auszudenken, und verbiete ihm, alles zu wagen.[87] Und ratlos fragte sich Tocqueville deshalb: «Was soll man tun mit einem Volk, das als Herr seiner selbst nicht Gott untertan ist?»[88]

Für Tocqueville war die Religion jedoch weit mehr als eine Grenze. Sie sei die Grundlage der Sitten und Gebräuche, die eine freie, demokratische Kultur tragen würden: «Wenn die Demokratie einhergeht mit Sitten und Glaubensüberzeugungen, führt sie zur Freiheit. Wenn sie mit moralischer und religiöser Anarchie daherkommt, führt sie zum Despotismus», notierte er im Kontext seines Amerika-Buches.[89] Und in einer Rede aus dem Jahr 1844 vor dem französischen Parlament, dem er damals angehörte, bekräftigte er, dass der Bestand einer freien Gesellschaft nicht denkbar sei ohne vorpolitische, von der Religion zur Verfügung gestellte Ressourcen. Er habe nie freie Völker gesehen, deren Freiheit nicht mehr oder weniger tief in

Glaubensüberzeugungen wurzelten. Er erkläre sich dies so, dass die Freiheit weniger Tochter der Institutionen als der Sitten sei, und die Sitten Töchter der Glaubensüberzeugungen. Vor vierzig Jahren habe Portalis, der im Namen Napoleons vor die Legislative getreten sei, gesagt, dass eine Moral ohne Dogma wie eine Justiz ohne Gerichte sei. Dieses Wort sei wahr, damals wie heute. Ja mehr noch: Wenn die religiösen Glaubensüberzeugungen für ein freies Volk notwendig seien, so seien sie es noch mehr für eine demokratische Nation.[90]

Bereits in der Einleitung zum 1. Band des Amerika-Buches hatte Tocqueville betont, man müsse wissen, «dass man das Reich der Freiheit nicht ohne dasjenige der guten Sitten zu errichten und die guten Sitten nicht ohne den Glauben zu festigen vermag»[91]. Und in einem Brief aus dem Jahr 1853 bemerkte er, er sei fest davon überzeugt, dass die politischen Gemeinschaften nicht das seien, was ihre Gesetze aus ihnen machten, sondern was die Gefühle, die Glaubenshaltungen, die Gedanken, die Gewohnheiten des Herzens und des Geistes für sie im vorneherein grundlegten.[92]

Im Grunde nahm Tocqueville mit diesen Einsichten inhaltlich das sogenannte «Böckenförde-Diktum» vorweg, das besagt, «dass der heutige Staat als freiheitlicher und säkularisierter Staat von Voraussetzungen lebt, die er selbst nicht garantieren kann»[93]. Ja, noch mehr: Tocqueville hielt mit seinem ihm eigenen analytischen Spürsinn dafür, dass Religion nicht «das Opium des Volkes»[94] ist, wie Karl Marx bekanntlich behauptet hat. Richtig verstanden, ist sie nicht eine Vertröstung auf das Jenseits. Sie stellt auch nicht eine Art von Betäubung dar zum besseren Ertragen der oft harten diesseitigen Realität. Vielmehr vermittle, so kann man Tocqueville verstehen, die Religion eine Sichtweise, die über den Tag hinausweise und die damit dem Bürger helfe, den eigenen Individualismus sowie Egoismus zu überwinden. Sie trage dadurch zum sozialen Zusammenhalt einer Gesellschaft von Freien und Gleichen bei.⁹⁵ Denn nur durch die Religion motiviert und gestärkt, vermöge der Bürger, sich auf längere Sicht zu binden und sich für das Diesseits zu engagieren.

In seinem Amerika-Buch entfaltete Tocqueville diese These, indem er zum Wesen und zur psychologischen Wirkung der Religion erklärte: Die Religionen gewöhnten allgemein daran, sich auf die Zukunft einzustellen. Darum seien sie dem Glück in diesem Leben nicht weniger nützlich als der Glückseligkeit im jenseitigen Leben. Darin liege eines ihrer grössten politischen Merkmale. In dem Grad jedoch, wie das Licht des Glaubens schwinde, verenge sich die Sicht der Menschen. Und es sei, als schiene ihnen das Ziel menschlichen Tuns täglich näher gerückt. Hätten sie sich einmal daran gewöhnt, sich nicht mehr mit dem Geschehen nach dem Tode zu befassen, so sehe man sie leicht in jene vollständige und rücksichtslose Gleichgültigkeit gegenüber der Zukunft verfallen, die bestimmten Trieben des Menschengeschlechts nur zu sehr entspreche. Sobald sie nicht mehr gewohnt seien, ihre Haupthoffnungen auf weite Sicht zu bauen, treibe es sie natürlicherweise nach sofortiger Verwirklichung ihrer geringsten Wünsche. Und von dem Augenblick an, da sie nicht mehr an ein ewiges Leben glaubten, «handeln sie so, als hätten sie nur einen einzigen Tag zu leben».⁹⁶

Mit Menschen, die so dächten und handelten, sei kein Staat zu machen, davon war Tocqueville überzeugt. Eine «kalte und eitle Philanthropie» sei dann unzureichend, um allen sozialen Übeln zu begegnen, um den Schwächen aufzuhelfen, um das Unwissen und die Dunkelheiten zu erleuchten. Man bedürfe deshalb auch der religiösen Menschen, der Glaubenslehren, der verschiedenen Arten von Geistlichen und der religiösen Gemeinschaften. Auf diese «Quellen» könne die Gesellschaft nicht verzichten.⁹⁷

Nie explizit beantwortet hat Tocqueville die Frage, ob seiner Meinung nach alle Religionen in gleicher Weise zu den ideellen Voraussetzungen gehören, derer ein Staat bedarf, oder ob es doch in erster Linie das Christentum sei.[98] Dass er Letzteres gedacht hat, lässt sich den sehr kritischen Äusserungen entnehmen, die er dem Islam und dem Hinduismus gewidmet hat.[99] Zudem machte er betreffend die nachrevolutionären gesellschaftlichen Verhältnisse und politischen Institutionen im Jahr 1843 die an Carl Schmitts These, alle prägnanten Begriffe der modernen Staatslehre seien «säkularisierte theologische Begriffe», gemahnende Bemerkung: «Unter den wirklich neuen Dingen (…) scheint sich mir die Mehrheit direkt aus dem Christentum herzuleiten. Es ist Christentum, angewandt durch die Aufklärung im weitesten Sinn: andere politische Formen, ein unterschiedliches soziales Gefüge. Das sind, in einem Wort, neue Folgerungen, gezogen aus einem alten Prinzip.»[100]

Man kann betreffend diese Frage wiederum eine Übereinstimmung von Tocqueville und Félicité de Lamennais erkennen, wenn nicht sogar eine Beeinflussung Tocquevilles durch Letzteren. Denn Lamennais hatte schon im Jahr 1834 bemerkt, die tiefgreifendste Revolution der Weltgeschichte sei das Christentum gewesen. Was in den letzten fünfzig Jahren geschehen sei, sei bloss deren Fortsetzung. Achtzehn Jahrhunderte hätten kaum gereicht, die aktuellen Umwälzungen vorzubereiten. Es gehe nun darum, in den Fundamenten der Gesellschaft ein Prinzip durch ein anderes zu ersetzen: die Ungleichheit der Rasse durch die von Natur gegebene Gleichheit, die absolute Herrschaft einiger durch die Freiheit aller. Und Lamennais fuhr fort: «Was ist das anderes als das Christentum, das sich ausbreitet ausserhalb der rein religiösen Gemeinschaft und das mit seiner Kraft die politische Welt belebt, nachdem es über jedes je zu erhoffende Mass hinaus die intellektuelle und moralische Welt vervollkommnet hat?»[101]

Tocquevilles Konzept einer neuen Sozialgestalt der Religionsgemeinschaften

In den Entwürfen zum Amerika-Buch bemerkte Tocqueville: «Nachdem die Demokratie alle veränderlichen Institutionen der Menschen erneuert hat, stösst man zuletzt auf die am meisten unveränderlichen Dinge seiner Natur. Und da die Demokratie die Substanz des Christentums, die ewig ist, nicht verändern kann, verändert sie zumindest die Sprache und die Form.»[102]

Die Frage war nun, wie Tocqueville die Wirkung der Demokratie auf die Sozialgestalt der Kirche beurteilte, welche Veränderungen Letztere also in der Gesellschaft von Freien und Gleichen erfahren würde. Denn die neue Situation war dadurch gekennzeichnet, dass sich Staat und Kirche nicht mehr allein in ihren Spitzen begegneten, so sehr es auch weiterhin Regierungen, Parlamente sowie Gerichte und den Papst, die Bischöfe sowie die Pfarrer gab und – auf staatlicher wie auf kirchlicher Seite – Diplomaten. Hinzugekommen war nun eben – ganz neuzeitlich und gewissermassen wieder ganz urchristlich – als handelnde Person das Individuum, und zwar als Bürger und als Christ.

Wie dargelegt, taten sich die amtliche Kirche sowie insbesondere das Papsttum zu Lebzeiten Tocquevilles und auch danach schwer mit den neuen politischen sowie gesellschaftlichen Gegebenheiten. Man übte sich in aktivem und passivem Widerstand. Tocqueville jedoch suchte nach einer neuen Sozialgestalt der Kirche, die den politischen und gesellschaftlichen Rahmenbedingungen wieder genügen und der Religion neue Wirksamkeit geben würde. Denn er war – wie erwähnt – weder betreffend die Ära der Aristokratie ein Nostalgiker, noch war er ein Anhänger der Allianz von Thron und Altar. So nannte er etwa die vorrevolutionäre gallikanische Kirche «eine halbe Nationalkirche»[103]. Und zu den Verhältnissen jenseits des Ärmelkanals bemerkte er unzweideutig: «Die anglikanische Kirche hat unermessliche Reichtümer in ihren Händen, in ihrem Innern herrschen grosse Unordnung und Missbräuche, zudem ist sie eine politische Macht: drei grosse Ursachen für den Untergang der geistlichen Kräfte.»[104] Die russisch-orthodoxe Kirche schliesslich lag seiner Meinung nach so sehr in den Händen des Staates, dass sie ein *instrumentum regni* sei.[105] Weder betreffend die Aristokratie noch das Staatskirchentum gab es angesichts solcher Konsequenzen der Verbindung von Thron und Altar für Tocqueville den Gedanken an eine Restauration.

Tocqueville hatte in seinem Werk *Der alte Staat und die Revolution*[106] die Ursachen der Französischen Revolution aufgrund jahrelangen Aktenstudiums in zahlreichen Archiven des Landes zu eruieren versucht.[107] Vor dem Hintergrund der daraus gewonnenen Erkenntnisse sowie der Analyse der Gesellschaft der Freien und Gleichen, die er mit seinen Amerika-Studien unternommen hatte, kam er zu grundlegenden, für das zukünftige Wirken der Religionsgemeinschaften bedeutsamen Einsichten. Man darf, ohne zu übertreiben, sagen, dass Tocqueville damit Pionierarbeit geleistet hat für eine neue Sozialgestalt der Religionsgemeinschaften. Auch die Aussagen des II. Vatikanischen Konzils über das Verhältnis von Staat und Kirche sowie zur religiösen Sendung der Christen im Raum von Staat und Gesellschaft haben davon profitiert.

Die Trennung von Staat und Religionsgemeinschaften

Es war bereits im Jahr 1734 Montesquieu, der eine Unterscheidung und Trennung der staatlichen Gewalt vom Einflussbereich der Religionsgemeinschaften gefordert hatte. Er sah die Quelle der Übel, unter denen die stets mit dem Staat verbundene orthodoxe Christenheit des Ostens litt, darin begründet, dass man dort nie das Wesen und die Grenzen der weltlichen und der kirchlichen Gewalt verstanden habe. Auf dieser Unterscheidung beruhe jedoch der Friede der Völker. Diese Unterscheidung sei nicht nur in der Religion begründet, sondern auch in der Vernunft und der Natur. Diese verlangten, dass Dinge, die nur getrennt voneinander Bestand haben könnten, nie vermischt werden dürften.[108]

Dieser Einsicht wurde bekanntlich im *Ancien Régime* weder von staatlicher noch von kirchlicher Seite nachgelebt. Die Folgen, in erster Linie für die Religion, blieben denn auch während und nach der Französischen Revolution nicht aus. Nicht der Hass auf die Religion als solche stand dabei jedoch im Vordergrund, sondern die Problematik der Verbindung von Thron und Altar. Dementsprechend lässt sich eine Vielzahl von Belegen finden, die zeigen, dass es diese Allianz war, welche die Religion und insbesondere die katholische Kirche ins Visier der Aufklärer sowie der Protagonisten der Französischen Revolution rückte.

So schrieb etwa im Jahr 1789 der Marquis de Condorcet in seinem Traktat *Ideen über den Despotismus*, man müsse den alleinigen Despotismus des Klerus nicht fürchten, «doch wird er zu einer Gefahr, wenn er sich mit dem des Adels verbindet»[109]. Thomas Paine, einer der geistigen Gründerväter der USA, der in der Französischen Revolution mitmischte, schlug in die gleiche Kerbe: Alle Religionen seien ihrer Natur nach wohltätig, sanft und mit den Grundsätzen der Moral verwoben. Aber: «Durch die Zeugung der Kirche mit dem Staat entsteht eine Art von Maultier, das nur vernichten, nicht hervorbringen kann.»[110] Voltaire prangerte ebenfalls die Verbindung von geistlicher und weltlicher Macht an, wie sie sich bei den Fürstbischöfen exemplarisch zeigte. Über den ehemaligen Bischof von Genf schrieb er: «Als unser Bischof, dazu da, dass er diene, und nicht, dass ihm gedient werde; dass er den Armen beistehe, und nicht, dass er verschlinge, wovon sie ihr Leben fristen; bestellt, den Katechismus zu lehren, nicht aber zu herrschen – als er sich in Zeiten der Anarchie erdreistete, sich den Titel ‹Fürst der Stadt› beizulegen, deren Hirte er doch nur war, machte er sich ganz offen des Aufruhrs und der Tyrannei schuldig. So machten die Bischöfe von Rom, die als erste dieses verhängnisvolle Beispiel gegeben hatten, zugleich mit ihrer Macht auch ihre Sekte in halb Europa verhasst.»[111] Und selbst die Absicht des wohl hartgesottensten Atheisten der französischen Aufklärung, Paul Thiry d'Holbach, ging primär dahin, die staatlichen Autoritäten von den kirchlichen zu trennen, indem er einen Keil zwischen Thron und Altar zu treiben versuchte: «Die Herrscher sollten also nicht fürchten, ihre Untertanen von einem Aberglauben befreit zu sehen, der sie selbst unterjocht und sich schon seit so vielen Jahrhunderten dem Glück ihrer Staaten entgegenstellt.»[112] Erwähnt sei auch der Literat und Enzyklopädist Jean-François Marmontel, der ein lebenslanger Freund Voltaires sowie Diderots war und in d'Holbachs Salon verkehrte. Gleichwohl zeichnete er in den wärmsten Farben das Bild einer wohltätigen und der Volksbildung selbstlos dienenden vorrevolutionären Kirche, wie er sie in der Provinz, in der er aufgewachsen war, selbst erfahren hatte. Im Zusammenhang mit einer Auseinandersetzung um sein Drama *Bélisaire* (1767), in dem er sich für religiöse Toleranz ausgesprochen hatte, warf er jedoch dem Bischof von Autun anlässlich eines Disputs über die Vermischung von staatlicher Gewalt und kirchlicher Vollmacht an den Kopf: «Weder ihre [der Religion] reinen Lehren, noch ihre Moral, noch ihre Mysterien verschaffen ihr Feinde, sondern die gewalttätigen und fanatischen Meinungen, mit denen eine gallige Theologie ihre Lehre vermischt hat. Dagegen erhebt sich eine Anzahl von guten Köpfen. Man befreie sie von dieser Vermengung, reinige sie und führe sie auf ihre ursprüngliche Heiligkeit zurück.»[113] Bedenkenswert ist schliesslich die Bemerkung von Philipp Blom, dass nicht erklärte Atheisten wie Jean Meslier, Denis Diderot, Helvétius sowie der Baron d'Holbach im Ranking der Aufklärer obenaus schwangen und im Panthéon verewigt wurden, sondern Theisten bzw. Deisten wie Rousseau und Voltaire.[114]

In diesem Sinn hielt Tocqueville in *Der alte Staat und die Revolution* dafür, dass das Christentum nicht als religiöse Lehre, sondern vor allem als mit dem Thron und der Aristokratie verbundenes politisches Institut den glühenden Hass auf sich gezogen habe, der sich in der Französischen Revolution entladen hatte. Nicht weil die Priester es unternommen hätten, die Dinge der anderen Welt zu regeln, seien sie attackiert worden, sondern weil sie Grundeigentümer, Lehensherren, Zehntherren und Administratoren in dieser Welt gewesen seien.[115] Dabei sei damals die Kirche nicht einmal die tyrannischste aller Gewalten gewesen, aber die verhassteste, weil sie sich mit der politischen Macht verbündet habe, ohne dass ihr Wesen dies von ihr verlangt hätte.[116] Tatsächlich hatte sich, wie der zeitgenössische Kritiker der Französischen Revolution, Edmund Burke, bemerkte, die Kirche in Frankreich im 18. Jahrhundert – kirchlich-religiös betrachtet – schon ein gutes Stück weit reformiert. Man konnte nicht mehr von verbreiteten himmelschreienden Missständen sprechen.[117] Das Grundübel bestand gleichwohl weiter: Zwischen den Fürsten und den kirchlichen Obrigkeiten sei, wie Tocqueville es formulierte, eine Art Austausch üblich gewesen. Jene hätten der Kirche ihre materielle Macht geliehen, sie ihnen ihr moralisches Ansehen; jene hätten ihren Vorschriften Gehorsam verschafft, sie den Befehlen jener Respekt.[118]

Tocqueville knüpfte damit an die Überlegungen an, die er bereits in seinem Amerika-Buch entwickelt hatte. Verbinde sich die Religion mit der weltlichen Macht, opfere sie die Zukunft um der Gegenwart willen. Und indem sie durch dieses Bündnis eine ihr nicht zukommende Macht erlange, gefährde sie ihre rechtmässige Gewalt. Solange nämlich eine Religion allein auf das Unsterblichkeitsverlangen der Menschen gründe, vermöge sie das Herz des Menschengeschlechts an sich zu ziehen. Sie stütze sich dann auf ihre eigenen Kräfte, die ihr niemand nehmen könne. Und sie beherrsche ihren – den religiösen – Bereich ganz und mühelos. Verbinde sie sich jedoch mit der Regierung, könne sie dies nicht tun, ohne etwas von der Abneigung auf sich zu ziehen, die diese errege. Stütze sie sich auf die weltliche Macht, werde sie fast so zerbrechlich wie diese selbst und erdulde deren Schicksal. Je mehr zudem eine Nation sich demokratisiere, umso gefährlicher werde die Verbindung von Religion und Staatsgewalt. Denn die Macht gehe von Hand zu Hand, und die politischen Lehren lösten sich schnell ab, weil Unrast und Unbeständigkeit zum Wesen des demokratischen Staatswesens gehörten.[119]

Tocqueville sah auch die Gefahr, dass einer Kirche, die vom Staat beherrscht und der zugleich zur Herrschaft verholfen werde, kein Glauben mehr geschenkt werde. Denn sie sei dann ein politisches Instrument, das nicht bloss das Evangelium verkünde, sondern auch staatliche, nichtreligiöse Interessen vertrete: «Wenn die Religionen ihre Herrschaft über die religiösen Dinge hinaus auszudehnen trachten, so laufen sie Gefahr, in keiner Sache Glauben zu finden.»[120] Noch 1858, im Jahr vor seinem Tod, wandte sich Tocqueville in diesem Sinn an den Bischof von Coutances, Msgr. Jacques Louis Daniel, zu dessen Bistum er gehörte. Mit ausgesuchter Höflichkeit und als einfacher Gläubiger gab er seinem Bischof zu bedenken, dass die einseitige Parteinahme der kirchlichen Hierarchie für die Regierung politisch andersdenkende Gläubige vor den Kopf stosse und sie in ihrem religiösen Glauben erschüttere.[121] Und bereits in seinem Amerika-Buch hielt er fest, er sei, was Staatsreligionen betreffe, immer der Auffassung gewesen, «dass sie, wenn sie auch manchmal der politischen Gewalt vorübergehend nützliche Dienste leisten können, der Kirche früher oder später immer zum Verhängnis werden»[122].

Tocqueville lehnte deshalb in der nun entstandenen Gesellschaft der Freien und Gleichen die aktive politische Rolle des Klerus bzw. der Hierarchie ab, die sie im *Ancien Régime* gespielt hatten. Er forderte die Trennung von Staat und Kirche, nicht um der Kirche zu schaden, sondern um der Freiheit der Kirche willen, damit sie sich ihrer Rolle als Garantin der Freiheit widmen könne. Andernfalls werde die Kirche gerade zur Quelle der Unfreiheit: «Der Klerus wird sich, wie in einigen Ländern, in einen Vertreter der Regierung verwandeln, und dann haben wir die verachtenswerteste aller menschlichen Einrichtungen, eine politische Religion, eine Religion, die der Regierung dient und ihr hilft, die Menschen zu unterdrücken, anstatt sie auf die Freiheit vorzubereiten.»[123] Die Feststellung von Émile Perreau-Saussine gilt deshalb besonders für Tocqueville: «Die grosse Entdeckung der liberalen Denker ist, dass das Christentum, um seine segensreichen Wirkungen hervorzubringen, nicht einer formellen Stellung in einem konfessionellen Staat wie demjenigen des *Ancien Régime* bedarf»[124].

In diesem Sinn hielt Tocqueville betreffend die Trennung von Staat und Kirche programmatisch fest: «Wenn auch Gott der Kirche die andauernde Leitung der Seelen versprochen hat, so hat er sie nie auch nur träumen lassen, die Leitung der Angelegenheiten der Regierung in irgendeinem Land innezuhaben. Der Glaube scheint mir in keiner Art und Weise vermengt zu sein mit der Frage, die ganz den Forschungen des menschlichen

Geistes überlassen ist.»[125] Und er betonte: «Ich ehre den Priester in der Kirche, aber ich würde ihn immer ausserhalb der Regierung stellen, wenn ich irgendeinen Einfluss auf die Geschäfte hätte.»[126]

Gleichwohl war Tocqueville differenziert: Wenn es darum ging, die Menschenwürde zu schützen, billigte er dem Priester zu, ungerechter Unterdrückung öffentlich zu widerstehen. Denn der Priester war in der damaligen Zeit oft der Angesehenste und Gebildetste einer Gemeinschaft.[127]

Als allgemeine Regel in den Fragen, die der freien Meinungsbildung unterstehen, sollte jedoch gelten: «Ich bin so durchdrungen von den fast unvermeidlichen Gefahren, denen sich die Glaubenslehren aussetzen, wenn ihre Verkünder sich in die Staatsangelegenheiten einmischen, und ich bin derart überzeugt, dass man in den neuen Demokratien um jeden Preis am Christentum festhalten muss, dass ich die Priester lieber im Heiligtum einsperren als sie aus ihm herausgehen lassen möchte.»[128] Zu sehr eben hatte die Verbindung von Thron und Altar während des *Ancien Régime* die (Religions-)Freiheit Andersglaubender behindert und damit der geistlichen Sendung der Kirche Schaden zugefügt. Und in einem Brief aus dem Jahr 1835 legte Tocqueville dar, dass es sich diesbezüglich auch seit der Französischen Revolution nicht anders verhielt: Wenn die Kirche sich mit der politischen Macht verbunden habe, sei sie zum Objekt des Hasses geworden und habe Unglauben im Volk erzeugt. Wenn sie sich von der Regierung ferngehalten habe oder wenn sie von dieser ferngehalten worden sei, hätten sich die Stürme gelegt und die Menschen seien der Kirche wieder zugeströmt.[129]

Aufgrund dieser Einsichten galt es nun für Tocqueville, aus dem *instrumentum regni*, als das die Religion lange Zeit gedient hatte, ein *instrumentum libertatis* zu machen.[130] Ein solches Instrument konnte die Religion jedoch nur sein, wenn sie rechtlich sowie institutionell vom Staat getrennt war und fortan «indirekt» bzw. mittelbar auf diesen einwirkte.[131]

Der religiöse Bürger als politischer und zivilgesellschaftlicher Akteur

Entgegen den Vorstellungen religions- und kirchenfeindlicher Kreise wollte Tocqueville das Wirken der Religionsgemeinschaften nicht in den Kirchenraum verbannen.[132] Zwischen der Extremforderung von Kräften, die man heute als laizistisch bezeichnen würde, und dem anderen Extrem, der politischen Einmischung, wie sie im *Ancien Régime* die katholische Kirchenhierarchie praktiziert hatte, fand Tocqueville einen Mittelweg. Denn er forderte für die Zukunft eine Arbeitsteilung zwischen dem Klerus und den in den säkularen Zusammenhängen lebenden Angehörigen der Religionsgemeinschaften, die zugleich auch Bürger waren bzw. sind.

Die Hierarchie sollte nun nicht länger die politisch tonangebende Kraft sein. Sondern die Gestaltung des politischen und zivilgesellschaftlichen Lebens sollte zum primären Arbeitsfeld der dort lebenden Christen werden. Tocqueville begründete dies mit einem Argument, das an die später vom II. Vatikanischen Konzil betonte «Autonomie der irdischen Wirklichkeiten»[133] erinnert. Damit wird anerkannt, dass nicht alles, was der Mensch zur Bewältigung und Gestaltung seines diesseitigen Lebens benötigt, in einem heiligen Buch zu finden ist, sondern schon im Buch der Schöpfung, das er mit der Kraft seiner Vernunft lesen kann und soll: «Die Grösse und Heiligkeit des Christentums bestehen (…) darin, dass es nur in der natürlichen Sphäre der Religionen herrschen will, und den ganzen Rest den freien Regungen des menschlichen Geistes überlässt.»[134]

Unabhängig von Tocqueville kam dessen Zeitgenosse, John Stuart Mill (1806–1873), zur gleichen Erkenntnis, auch wenn man bei Mill spürt, dass sie sich weniger dem Wohlwollen gegenüber dem Christentum verdankte. Er bemerkte, die «Lehren und Vorschriften Christi» würden «nur einen Teil der Wahrheit enthalten». Es sei deshalb «ein grosser Irrtum, in dem Versuch fortzufahren, in der christlichen Lehre jene vollständige Regel für unsere Lebensführung zu suchen». Es gebe «andere ethische Gesetze als solche, die aus ausschliesslich christlichen Quellen fliessen»[135]. Auch wenn dies gegen das Christentum gesprochen gewesen sein mag, hat Mill damit gleichwohl einen wesentlichen Charakterzug des Christentums erkannt, nämlich den, dass es eine der Wortoffenbarung vorangehende Schöpfungsordnung gibt, die mit den Kräften der Vernunft erkennbar ist und deren Gesetze durch die später erfolgte Offenbarung nicht ausser Kraft gesetzt werden. Darauf beruht der vom Judentum sowie vom Christentum hervorgebrachte Gedanke der Säkularität und deren Legitimität. Denn Wirklichkeiten wie der Staat, das Recht, die Wirtschaft, die Wissenschaft oder die Kultur gehören nach jüdisch-christlichem Denken zur Schöpfungsordnung. Und diese Ordnung besitzt ihre Eigengesetzlichkeit bzw. Autonomie, die durch die Selbstoffenbarung Gottes – vereinfacht gesagt: die Bibel – nicht aufgehoben wird. Deshalb kann man der steil formulierten These von Larry Siedentop zustimmen: «Der Säkularismus ist das Geschenk des Christentums an die Welt.»[136]

Mill und Tocqueville wären wohl erfreut gewesen, wenn sie noch selbst aus dem Mund des Papstes die Worte gehört hätten, die Johannes Paul II. im Kontext der Aufarbeitung des Falles Galilei am 31. Oktober 1992 an die Vollversammlung der Päpstlichen Akademie der Wissenschaften richtete: Die Bibel beschäftige sich nicht mit den Einzelheiten der physischen Welt, deren Kenntnis der Erfahrung und dem Nachdenken des

Menschen anvertraut sei. Es gebe also zwei Bereiche des Wissens. Der eine habe seine Quelle in der Offenbarung, der andere aber könne von der Vernunft mit ihren eigenen Kräften entdeckt werden. Zum letzteren Bereich gehörten die experimentellen Wissenschaften und die Philosophie. Die Unterscheidung der beiden Wissensbereiche dürfe dabei nicht als Gegensatz verstanden werden. Beide Bereiche seien einander durchaus nicht fremd. Sie besässen vielmehr Begegnungspunkte. Dabei gestatte die Methode eines jeden Bereiches, unterschiedliche Aspekte der Wirklichkeit herauszustellen.[137]

Durch das II. Vatikanische Konzil hatte sich die Kirche bereits im Jahr 1965 Asche aufs Haupt gestreut und betont: Vorausgesetzt, dass die methodische Forschung in allen Wissensbereichen in einer wirklich wissenschaftlichen Weise und gemäss den Normen der Sittlichkeit vorgehe, werde sie niemals in einen echten Konflikt mit dem Glauben kommen, weil die Wirklichkeiten des profanen Bereichs und die des Glaubens in demselben Gott ihren Ursprung hätten. Und das Konzil betonte: «Deshalb sind gewisse Geisteshaltungen, die einst auch unter Christen wegen eines unzulänglichen Verständnisses für die legitime Autonomie der Wissenschaft vorkamen, zu bedauern. Durch die dadurch entfachten Streitigkeiten und Auseinandersetzungen schufen sie in der Mentalität vieler die Überzeugung von einem Widerspruch zwischen Glauben und Wissenschaft.»[138]

In diesem Sinn interpretierte Tocqueville bereits zu seiner Zeit die Religion: Sie sehe «in der politischen Welt ein Arbeitsfeld, das Gott dem Geiste erschlossen hat»[139]. Er bedauerte deshalb, dass sich der Klerus seiner Zeit vor allem damit begnügte, die Gläubigen die Individualmoral zu lehren. Denn ihm scheine, dass es zwei Teile der Moral gebe, die in den Augen Gottes gleich wichtig seien. Dessen Diener lehrten diese beiden Teile der Moral jedoch mit ungleichem Eifer. Ein Teil beziehe sich auf das Privatleben. Hier gehe es um die Verpflichtungen, die den Menschen als Vater, Sohn, Frau oder Ehefrau beträfen. Der andere Teil umfasse die öffentliche Moral. Dieser betreffe die Verpflichtung, die jeder Bürger gegenüber seinem Land und der Gesellschaft habe, denen er in besonderer Weise zugehöre. Und Tocqueville fragte: «Täusche ich mich, wenn ich denke, dass der Klerus unserer Tage sehr besorgt ist um den ersten Teil der Moral und sehr wenig um den zweiten?»[140]

Angesichts dieser Einseitigkeit und im Kontext der Demokratie gehe es nun darum, die in der säkularen Sphäre lebenden Christen zu ermuntern, sich politisch und zivilgesellschaftlich einzubringen: Er sei, bemerkte Tocqueville, immer der Ansicht gewesen, dass selbst in den besten Leidenschaften eine Gefahr liege, wenn sie brennend und ausschliesslich würden. Davon nehme er die religiöse Leidenschaft nicht aus. Er wolle sie sogar an die Spitze stellen. Denn wenn sie bis zu einem gewissen Punkt getrieben werde, lasse sie sozusagen, mehr als die anderen Leidenschaften, alles andere verschwinden, was nicht sie selbst sei. Und sie bringe dann im Namen der Moral und der Pflichten die nutzlosesten und gefährlichsten Bürger hervor. Er bekenne, dass er – «in petto», wie er schrieb – ein Buch wie die *Nachfolge Christi* des Thomas von Kempen, wenn man es nicht anders als eine Unterweisung auf das Klosterleben hin betrachte, als höchst unmoralisch ansehe. Es sei nicht gesund, sich in dem Mass, wie es der Verfasser lehre, von der Welt zu trennen, von ihren Interessen und Geschäften, auch nicht von ihren Vergnügungen, wenn sie ehrenhaft seien. Diejenigen, welche gemäss der Lektüre eines solchen Buches lebten, könnten kaum vermeiden, alles zu verlieren, was die öffentlichen Tugenden ausmachten, indem sie gewisse private Tugenden erwerben würden. Und Tocqueville schloss: «Eine gewisse Sorge für die religiösen Wahrheiten, die nicht bis zur Absorption des Denkens durch die andere Welt reicht, schien mir deshalb immer der am meisten passende Zustand zu sein für die menschliche Moralität unter allen ihren Formen.»[141]

Die bürgerliche Freiheit sei eben mit dem Glauben nicht unvereinbar. Tocqueville weigerte sich deshalb, sich ausschliessende Alternativen darin zu sehen, als Mensch entweder allein dem irdischen Staat dienen zu müssen oder allein dem himmlischen. Der Mensch könne in beiden Sphären zugleich präsent sein und wirken. Man dürfe nicht glauben, dass die Leidenschaft für materielle Genüsse und die damit verbundenen Anschauungen zu irgendeiner Zeit und in welch politischer Verfassung auch immer einem ganzen Volke würden genügen können. Das Herz des Menschen habe mehr Weite, als man vermute. Es könne in sich gleichzeitig den Sinn für die irdischen Güter und die Liebe zu denen des Himmels einschliessen. Zuweilen scheine es sich heftig dem einen von beiden zu verschreiben, aber es vergesse nie lange, an das andere zu denken.[142] Tocqueville verneinte deshalb, dass das Christentum «unsensibel und gleichgültig» gegenüber den Übeln einer schlechten Regierung mache. Und er betonte, dass es jedem Menschen die Pflicht auferlege, «seine Gleichgearteten aus den Übeln zu befreien durch die Mittel, die das Licht ihres Gewissens ihnen zeigt»[143]. Deshalb sei es der nützlichste Gebrauch seiner Kraft, den das Christentum machen könne, wenn es seine Grundsätze in die Leitung der öffentlichen Angelegenheiten einbringe und so die Seele der politischen Gemeinschaft werde. Mit anderen Worten gehe es darum, «den Geist des Christentums in die Politik einfliessen zu lassen»[144]. Aber eben: Dies sollte nun nicht mehr die unmittelbare Aufgabe der kirchlichen Hierarchie sein.

Die neue Rolle des Klerus sah Tocqueville im Sinn der erwähnten Arbeitsteilung vielmehr darin, die Angehörigen der Kirche zu bilden und sie auf ihre Aufgabe in der Politik sowie in der Gesellschaft vorzubereiten: «Ich verlange von den Priestern, denen die Erziehung der Menschen aufgetragen ist oder auf die sie Einfluss haben, nicht, diesen Menschen die Gewissenspflicht aufzuerlegen, die Republik oder die Monarchie zu bevorzugen. Aber ich wünsche, sie möchten ihnen öfter sagen, dass sie gleichzeitig zur Tatsache, dass sie Christen sind, einer der grossen menschlichen Vereinigungen angehören, die Gott zweifellos eingerichtet hat, um die Bande sichtbarer und wahrnehmbarer zu machen, welche die Individuen aneinander binden. Es sind die Vereinigungen, die Völker heissen und deren Territorium man Heimatland nennt. (...) Diesem Kollektiv gegenüber ist es nicht erlaubt, in Gleichgültigkeit zu verfallen. (...) Denn alle sind verpflichtet, beständig für dessen Gedeihen zu arbeiten und darüber zu wachen, dass sie nur wohltätigen, respektablen und legitimen Autoritäten unterworfen sind.»[145]

Aufgabe des Priesters sollte es also sein, den in der Welt lebenden Gläubigen zum mündigen *homme démocratique* zu machen und ihn nicht dazu zu ermutigen, sich von einer als böse sowie verwerflich verstandenen Welt fernzuhalten. Als vorbildlich stellte Tocqueville diesbezüglich die katholischen Priester hin, wie er sie in den Vereinigten Staaten erlebt hatte. Diese versuchten keineswegs, den Blick des Menschen ausschliesslich auf das künftige Leben zu richten und ihn dort festzuhalten. Vielmehr überliessen sie ein Stück seines Herzens gern der Sorge um das Gegenwärtige. Die Güter dieser Welt betrachteten sie, wenn auch als untergeordnete, so doch als wichtige Dinge. Obwohl sich die Priester nicht in die Erwerbsarbeit einmischten, verfolgten sie doch aufmerksam deren Fortschritte und nähmen sie mit Beifall auf. Und wenn sie auch unaufhörlich dem Gläubigen die Jenseitswelt als das grosse Ziel seiner Furcht und seiner Hoffnung vor Augen führten, so würden sie ihm doch nicht verbieten, im Diesseits ehrlich nach Wohlstand zu streben: «Weit davon entfernt, die Trennung und den Gegensatz dieser beiden

Dinge darzulegen, bemühen sie sich eher zu zeigen, wo sie sich berühren und verflechten.»[146]

In dieser Arbeitsteilung zwischen den Religionsdienern und den weltlichen Angehörigen einer Religionsgemeinschaft sah Tocqueville somit die neue Sozialform der Kirche verwirklicht, die von der nunmehr herrschenden demokratischen Staatsform gefordert war. Denn Letztere verlangte, dass sich die Religionsgemeinschaften auf demokratiekompatible Art und Weise in den politischen Diskurs einbrachten. Sie konnten es nun nicht mehr «direkt» tun, durch eine – göttlich legitimierte – Intervention der geistlichen Autorität beim staatlichen Gesetzgeber. Vielmehr sollte nun religiöses Gedankengut «indirekt», durch die Anhänger der Religionsgemeinschaft, die im eigenen Namen als Bürger aktiv waren, in die politische und zivilgesellschaftliche Sphäre einfliessen.

Auf den Spuren Tocquevilles

Die neuzeitliche Betonung der Bedeutung des Individuums und dessen Wille, sich nun selbst als politischer und religiöser Akteur einzubringen, traf im 19. Jahrhundert auf eine Kirche, die noch vom Konzil von Trient (1545–1563) geprägt war. Dieses Konzil war keine Antwort auf die Neuzeit gewesen, sondern auf die Erschütterungen durch die Reformation. Es hatte den Schwerpunkt auf die Kirche als sichtbare Organisation gelegt, denn diese war von den Reformatoren infrage gestellt worden. Diese Verengung des Blicks führte dazu, dass die Kirche nach Trient verstärkt mit ihrer hierarchischen Struktur identifiziert wurde.[147] Kirchliches Leben sah man vor allem innerhalb der Kirche – verstanden als sichtbare Organisation – angesiedelt. So wurde die Kirche betrachtet als «vollkommene Gesellschaft», die auf Augenhöhe mit der anderen «vollkommenen Gesellschaft», dem Staat, stehe. Da primär die Struktur zählte, standen als Protagonisten der Klerus sowie die Ordensangehörigen im Vordergrund. Diese stellten, gut ständestaatlich, das Gegenüber zu den Obrigkeiten des Staates dar. Von dieser Kirche sagte der nachtridentinische Kirchenlehrer Robert Bellarmin (1542–1621), sie sei so sichtbar wie die Republik von Venedig.[148]

Vor Ort wurde die Pfarrei für die Gläubigen zum primären geistlichen Lebensraum und zur heilen Gegenwelt einer sich zusehends säkularisierenden gesellschaftlichen Wirklichkeit. Um die Pfarrei herum entstand eine Vielzahl von Vereinen, Kongregationen und Gruppen, die in ihrer Struktur sowie ihrem Wirken von der Hierarchie abhingen. Christliches Leben, so war man überzeugt, spielte sich in erster Linie dort ab. Vollkommenheit erreichte man als Kleriker oder Ordensmann bzw. Ordensfrau. Das alltägliche Leben der «einfachen» Christen in der Familie, im Beruf, in der politischen und zivilgesellschaftlichen Wirklichkeit wurde demgegenüber nicht als Ort erklärt und empfunden, wo man ebenfalls ganz und gar Kirche sein konnte, sieht man von Pionieren wie dem Hl. Franz von Sales ab.[149]

Tocquevilles Sichtweise konnte deshalb zu seiner Zeit, als die katholische Kirche noch ständisch dachte und sich in der Gesellschaft entsprechend darstellte, nicht auf fruchtbaren Boden fallen. Erst das II. Vatikanische Konzil war die Antwort auf die seit der Aufklärung veränderte politische und gesellschaftliche Lage. Kirche wurde nun nicht mehr faktisch mit ihrer Hierarchie identifiziert. Und ihr Wirken wurde nicht länger so dargestellt, als hänge es primär von der Hierarchie ab. Vielmehr nahm das Konzil den neuzeitlichen Gedanken des Vorrangs des Individuums auf und versuchte, dem einzelnen Christen eine Spiritualität zu vermitteln, die ihn in der Gesellschaft der Freien und Gleichen dazu befähigen sollte, selbst zum handelnden kirchlichen Subjekt zu werden.

Dies war die richtige Antwort darauf, dass die Gesellschaft nun nicht mehr einfach ständisch geordnet war, sich also nicht länger aus fast undurchdringlichen Schichten, Klassen und Korporationen zusammensetzte. Einer solchen Gesellschaft konnte man nicht mehr von aussen, als göttlich legitimierte Korporation oder «vollkommene Gesellschaft», gegenübertreten und die Rechte Gottes einfordern. Nun sollte das Individuum, das sich immer freier im Staat und in der Zivilgesellschaft bewegen konnte, den Vorrang innehaben, wenn es um die politische und zivilgesellschaftliche Präsenz des Christentums und der Kirche ging. Und so hat das Konzil den mitten in den gesellschaftlichen Zusammenhängen lebenden Gläubigen den Weg gewiesen, wie sie als einzelne und vereint in dieser neuen Form von Gesellschaft von innen her wirksam Christen und Kirche sein können. Hierin liegt die nicht zuletzt von Tocqueville gedanklich vorweggenommene konziliare Synthese mit den aus der Aufklärung hervorgegangenen Gesellschaften.

Hintergrund dieser theologischen Neubewertung war das Überdenken der Schöpfungsfrage.[150] Man erkannte mit dem II. Vatikanischen Konzil besser, dass die Schöpfung in sich «ihren festen Eigenstand, ihre eigene Wahrheit, ihre eigene Gutheit sowie ihre Eigengesetzlichkeit und ihre eigenen Ordnungen»[151] besitzt. Damit sind die der Schöpfungsordnung zuzuordnenden Wirklichkeiten des Staates und der Gesellschaft als Aufgabenfeld des Christen in ihr Recht gesetzt worden: Sie werden nicht mehr länger primär als Orte der Gefahr betrachtet, sondern sind nun der Raum, in dem sich legitimerweise der menschliche Geist ausdrücken kann, auch derjenige des Christen. Wie erwähnt, hatte Tocqueville diesen Gedanken so ausgedrückt: «Die Grösse und Heiligkeit des Christentums bestehen (...) darin, dass es nur in der natürlichen Sphäre der Religionen herrschen will, und den ganzen Rest den freien Regungen des menschlichen Geistes überlässt.»[152] Die Konzeption des II. Vatikanischen Konzils ist dabei jedoch nicht naiv gegenüber den in der Welt vorhandenen Übeln. Denn diesen gilt es gerade durch den Einsatz der Christen zu wehren.

Diese Anerkennung der «Autonomie der irdischen Wirklichkeiten»[153] bietet die Grundlage dafür, wie Welt und Religion sinnvoll miteinander verbunden werden können. Dies soll nun nicht mehr, wie im Mittelalter, nach einem monistischen Modell geschehen. Weder soll die Welt im Sinne der Priesterherrschaft (Hieratokratie) bzw. des Klerikalismus in die Kirche zurückgeführt werden, noch soll Letztere dem Säkularismus zum Opfer fallen und in die Welt hinein aufgelöst werden.

Unter Berufung auf 1 Korinther 15, 27 f. betonte in diesem Sinn Joseph Ratzinger bereits im Jahr 1966 – ein Jahr nach der Beendigung des II. Vatikanischen Konzils –, es sei die endzeitliche Perspektive des Christentums, die Welt, «das All», zu «verchristlichen». Denn zuletzt werde sich nach biblischer Botschaft Christus dem Vater unterwerfen, damit Gott «alles in allem sei». Da die Kirche jedoch nicht Christus und auch nicht das endzeitliche Reich Gottes sei, gelte: «Kirchliche Weltzuwendung hingegen kann nicht ebenso auf eine Verkirchlichung des Alls, auf eine Verkirchlichung der ganzen Welt und all ihrer Bereiche abzielen». Denn die Kirche besitze nur einen instrumentellen Charakter und tue bloss einen «vorbereitenden Dienst», nämlich die Welt für Christus zu öffnen. Und Ratzinger verdeutlichte: «Die Dinge haben zwar ihr inneres Ziel erreicht, wenn sie Christus als Uridee Gottes gemäss und seiner fähig geworden sind, aber sie sind keineswegs durchaus dazu da, Teile der Institution Kirche zu werden. Deshalb kann die kirchliche Autorität nicht den Sachverstand in den jeweiligen Bereichen der Wirklichkeit ersetzen, sondern lediglich ihn anerkennen und voraussetzen».[154]

Deshalb sieht das II. Vatikanische Konzil eine Arbeitsteilung vor, wie sie Tocqueville schon vor Augen hatte: Die kirchliche Hierarchie soll nicht länger direkter politischer Akteur sein. Nur dort, wo es um die Verteidigung der Grundrechte geht, die – verstanden als Ausdruck der Menschenwürde – ein Teil der Glaubenslehre sind, soll sich die Hierarchie unmittelbar politisch betätigen. Ihre eigentliche Aufgabe besteht darin, die Gläubigen den Inhalt des Glaubens sowie die damit zusammenhängenden moralischen Grundsätze zu lehren und ihnen seelsorgliche Hilfen zukommen zu lassen. Dies soll jedoch, da die Hierarchie kein direktes politisches Mandat besitzt, unter

Wahrung der politischen Freiheit der Gläubigen geschehen: «Die gerechte Freiheit, die allen im irdischen bürgerlichen Bereich zusteht, sollen die Hirten sorgfältig anerkennen».[155]

Damit ist das Ende der Allianz von Thron und Altar besiegelt und das Prinzip der Trennung von Staat und Kirche anerkannt. Das II. Vatikanische Konzil hat dies ausgesprochen mit dem Satz: «Die politische Gemeinschaft und die Kirche sind auf je ihrem Gebiet voneinander unabhängig und autonom». Diesem Grundsatz steht nicht entgegen, dass Staat und Kirche sich verständigen. Denn sie dienen, «wenn auch in verschiedener Begründung, der persönlichen und gesellschaftlichen Berufung der gleichen Menschen». Jedoch darf dies nicht mehr mit den Werkzeugen des *Ancien Régime* geschehen: «Das Irdische und das, was am konkreten Menschen diese Welt übersteigt, sind miteinander eng verbunden, und die Kirche selbst bedient sich des Zeitlichen, soweit es ihre eigene Sendung erfordert. Doch setzt sie ihre Hoffnung nicht auf Privilegien, die ihr von der staatlichen Autorität angeboten werden. Sie wird sogar auf die Ausübung von legitim erworbenen Rechten verzichten, wenn feststeht, dass durch deren Inanspruchnahme die Lauterkeit ihres Zeugnisses in Frage gestellt ist, oder wenn veränderte Lebensverhältnisse eine andere Regelung fordern.»[156]

Sodann hat das II. Vatikanische Konzil die kirchliche Berufung und Aufgabe der Gläubigen umschrieben, die in den säkularen Kontexten dieser Welt leben und wirken. Sie sollen auf der Basis ihres christlich geprägten Gewissens, aber im eigenen Namen als Staatsbürger die Sphäre, die sie bewohnen und über die sie Einfluss haben, gemäss dem, was sie als Christen glauben, ordnen und gestalten. Das betrifft die Familie, die Politik, die Bildung, die Medien, die Kultur, die Wirtschaft, die Kunst, das berufliche Schaffen ebenso wie die Betätigung in der Zivilgesellschaft, kurz alles, was ihr alltägliches Leben ausmacht.[157]

In diesem Sinn konnte das II. Vatikanische Konzil betreffend die Rolle der Hierarchie und der in den säkularen Zusammenhängen lebenden Christen resümieren: «Aufgabe ihres [der Christen in der Welt] dazu von vornherein richtig geschulten Gewissens ist es, das Gebot Gottes im Leben der profanen Gesellschaft zur Geltung zu bringen. Von den Priestern aber dürfen die Laien Licht und geistliche Kraft erwarten. Sie mögen aber nicht meinen, ihre Seelsorger seien immer in dem Grade kompetent, dass sie in jeder, zuweilen auch schweren Frage, die gerade auftaucht, eine konkrete Lösung schon fertig haben könnten oder die Sendung dazu hätten. Die Laien selbst sollen vielmehr im Licht christlicher Weisheit und unter Berücksichtigung der Lehre des kirchlichen Lehramtes darin ihre eigene Aufgabe wahrnehmen.»[158]

Diese Arbeitsteilung erlaubt es, dass eine Religionsgemeinschaft, die unbedingte religiöse Wahrheiten verkündet, in einer pluralistischen Gesellschaft friedlich und konstruktiv mitwirken kann. Denn die amtliche Kirche kann ihre unverrückbaren Glaubenswahrheiten verkünden, die andere Mitglieder der Gesellschaft nicht teilen. Weil aber diese Glaubenswahrheiten nicht kirchenamtlich in konkrete politische Optionen umgemünzt werden, sondern es den einzelnen Bürgern überlassen wird, für die Berücksichtigung christlicher Anliegen zu werben und zu arbeiten, missbraucht die Religionsgemeinschaft nicht ihre religiöse Autorität für die Erreichung politischer Ziele. Eine so handelnde Religionsgemeinschaft ist dann zwar politisch, aber nicht als solche bzw. als Institution, sondern durch ihre Mitglieder, die am demokratischen staatsbürgerlichen Diskurs teilnehmen.[159]

Dieses Modell impliziert zudem nicht die Notwendigkeit einer «christlichen» politischen Partei. Denn Christen können legitimerweise zur Überzeugung gelangen, dass das, was vom christlichen Glauben her als politisch sachgerecht und angemessen erscheint, in dieser oder jener Partei besser verwirklicht werden kann, jedenfalls solange sich die Partei im Rahmen des rechtsstaatlich Zulässigen bewegt. Das II. Vatikanische Konzil hat den Pluralismus in politischen Fragen unter ihren Mitgliedern ausdrücklich anerkannt, wenn es festhält: «Oftmals wird gerade eine christliche Schau der Dinge ihnen eine bestimmte Lösung in einer konkreten Situation nahelegen. Aber andere Christen werden vielleicht, wie es häufiger, und zwar legitim, der Fall ist, bei gleicher Gewissenhaftigkeit in der gleichen Frage zu einem anderen Urteil kommen. Wenn dann die beiderseitigen Lösungen, auch gegen den Willen der Parteien, von vielen andern sehr leicht als eindeutige Folgerung aus der Botschaft des Evangeliums betrachtet werden, so müsste doch klar bleiben, dass in solchen Fällen niemand das Recht hat, die Autorität der Kirche ausschließlich für sich und seine eigene Meinung in Anspruch zu nehmen.»[160]

Mit dem dargelegten Konzept hat die katholische Kirche darüber hinaus das gemeinsame Priestertum der Gläubigen neu erklärt und wieder in den Vordergrund gestellt. Lange war dieser wesentliche Aspekt ihrer Glaubenslehre aufgrund der Tatsache, dass es die Kirche als Institution und Hierarchie gegen reformatorische Infragestellungen zu verteidigen galt, zu wenig ins Bewusstsein der Gläubigen gebracht worden. Mit der Korrektur und Neubewertung durch das II. Vatikanum wurde deshalb eine ökumenisch bedeutsame Brücke zu den aus der Reformation hervorgegangenen Gemeinschaften geschlagen, die stets das gemeinsame Priestertum aller Gläubigen betont haben.

Das II. Vatikanische Konzil hat mit seiner tiefgreifenden Reform der Sozialgestalt der Kirche auch einen Vorwurf entkräftet, wie er an prominenter Stelle bei Jean-Jacques Rousseau geäussert wird. Es ist die beim Bürger von Genf vorgetragene These, die bis heute für Misstrauen und Widerstand gegenüber

Menschen sorgt, die sich in ihrem privaten und politischen Leben von einer Religion leiten lassen.

Rousseau hatte im *Gesellschaftsvertrag* verneint, dass das Leben gemäss der herkömmlichen christlichen Religion, insbesondere der römisch-katholischen, und die Existenz als Staatsbürger vereinbar seien. Das Christentum römisch-katholischer Prägung bezeichnete er gar als eine «ziemlich bizarre Art von Religion». Sie unterwerfe den Menschen widersprüchlichen Pflichten, da sie ihm zwei Gesetzgebungen, zwei Häupter und zwei Vaterländer gebe. Deshalb könne er nicht zugleich fromm und Staatsbürger sein. Auch ein von Rousseau postuliertes «gereinigtes» Christentum des Evangeliums sei ungenügend, weil es die Herzen der Bürger nicht an den Staat binde, sondern sie von diesem entferne wie von allen irdischen Dingen. Denn das Christentum sei ganz und gar eine geistige Religion, einzig mit den himmlischen Dingen beschäftigt. Das Vaterland des Christen sei nicht von dieser Welt. Deshalb tue dieser seine Pflicht im Diesseits mit einer tiefen Gleichgültigkeit betreffend Erfolg oder Misserfolg. Wenn er sich nichts vorzuwerfen habe, interessiere ihn nicht, ob die Dinge gut oder schlecht liefen. Er würde sich auch nicht mutig gegen einen Despoten wehren, denn was liege schon daran, ob man in diesem Jammertal ein freier Mensch oder ein Sklave gewesen sei. Das Wesentliche sei, ins Paradies zu kommen, und Ergebung sei da nur ein weiteres Mittel dazu. Das Christentum predige nichts als Knechtschaft und Abhängigkeit. Ja, die «wahren Christen» seien dazu geschaffen, Sklaven zu sein.[161]

Mit Tocqueville und dem II. Vatikanischen Konzil wird man demgegenüber festhalten können: Gerade eine Religion, die Staat und Kirche als getrennte Wirklichkeiten betrachtet und die sich in einen «Klerus» und in mündige Gläubige, die in den gesellschaftlichen Wirklichkeiten eingebettet sind, ausdifferenziert, ist keine sozial dysfunktionale Religion, sondern eine

Religion, die zur freien, offenen sowie pluralistischen Gesellschaft passt und diese stützt. Entscheidend ist dabei, dass die Leitung der betreffenden Religionsgemeinschaft sich darauf beschränkt, ihre Glaubensinhalte sowie ihre moralischen Grundsätze zu lehren und ihre Anhänger zu ermuntern, sich selbstverantwortlich und im eigenen Namen in die Politik sowie in die Zivilgesellschaft einzubringen. Dadurch gerät der Angehörige dieser Religionsgemeinschaft nicht in den von Rousseau behaupteten Zwiespalt, zwei Gesetzgebungen und zwei Herren dienen zu müssen. Denn Scharnier ist dann sein christlich geprägtes Gewissen. Dieses ermuntert ihn dazu, sich für den Staat und die Gesellschaft einzusetzen. Es erinnert ihn zudem an die Inhalte seines Glaubens sowie an dessen moralische Grundsätze. Und es fordert ihn dazu auf, mittels der rechtlich zulässigen Mittel im eigenen Namen politisch umzusetzen zu versuchen, was sich für ihn aus den Glaubenslehren und den moralischen Grundsätzen als sachgerecht und angemessen ergibt. Christsein und Bürgersein, zum Himmel und zur Welt zu gehören, sind dann keine unvereinbaren Gegensätze.

Dieses Konzept ist über den Bereich der katholischen Kirche hinaus universalisierbar. Dies ist dann der Fall, wenn die betreffende Religionsgemeinschaft drei Bedingungen erfüllt: Sie muss sich erstens zur Säkularität des Rechtsstaates bekennen. Sie muss zweitens in ihrer inneren Organisation eine Unterscheidung zu etablieren vermögen zwischen einem dem Heiligen sowie der Seelsorge verpflichteten «Klerus» einerseits und einer in die säkularen Zusammenhänge eingebetteten «weltlichen» Anhängerschaft andererseits. Ihren Anhängern muss die Leitung der Religionsgemeinschaft schliesslich drittens das Vertrauen schenken, dass diese, geprägt von ihrem religiös gebildeten Gewissen, im eigenen Namen versuchen dürfen, dem politisch und zivilgesellschaftlich Nachachtung zu verschaffen, was ihrer Glaubensüberzeugung entspricht.

Bereits Alexis de Tocqueville hat die Frage abgewogen, ob eine Vereinigung von politischer und religiöser Autorität für das Prosperieren der Gesellschaften besser sei als eine Trennung, wie sie im dargestellten Sinn mit dem Christentum – staatliche Gewalt und Kirchenhierarchie – gegeben ist. Tocquevilles Antwort fiel differenziert, aber gleichwohl klar aus. Er bediente sich zur Beantwortung der Frage eines Vergleichs mit dem Islam: Dieser sei die Religion, die am Vollständigsten die beiden Gewalten – politische und religiöse Autorität – vermischt und vermengt habe, sodass der Hohepriester der Fürst sei und der Fürst der Hohepriester. Alle Akte des zivilen sowie des politischen Lebens seien mehr oder weniger nach dem religiösen Gesetz geregelt. Deshalb könne eine von der politischen Gemeinschaft abseitsstehende Körperschaft wie die katholische Kirchenhierarchie, welche die Religionsgemeinschaft leite, im Islam nicht existieren. Dies sei ein positives Element inmitten all der Übel, welche der Islam hervorgebracht habe. Denn die Existenz einer solchen priesterlichen Körperschaft sei – in Anspielung auf die Rolle der vorrevolutionären Kirchenhierarchie Frankreichs – selbst die Quelle vieler gesellschaftlicher Übel. Wenn eine Religion stark sein könne ohne eine solche Körperschaft, müsse man sich glücklich schätzen. Trotz dieser zeitbedingt verständlichen Reserve war für Tocqueville jedoch klar: Die von Mohammed geschaffene Konzentration und Vermischung der politischen und der religiösen Autorität sei die erste Ursache des Despotismus und der gesellschaftlichen Erstarrung. Die Vermischung der beiden Autoritäten präge fast immer den Charakter der islamischen Gesellschaften und mache diese unterlegen gegenüber den Nationen, welche das andere, vom Christentum in die Welt gebrachte System gewählt hätten.[162]

Ergebnis dieser Überlegungen ist nicht nur, dass politische und religiöse Institutionen getrennt sein müssen, damit eine

Gesellschaft zu prosperieren vermag. Der springende Punkt ist vielmehr folgender: Damit Religionen einen positiven Einfluss auf das Gedeihen von Staat und Gesellschaft ausüben können, bedarf es über die Trennung von staatlicher und religiöser Autorität hinaus auf Seiten der Religionsgemeinschaften einer Leitung, die eine «abseitsstehende Körperschaft» bildet. Wenn sich diese mit religiöser Autorität ausgestattete Körperschaft direkter politischer Tätigkeit enthält und die «Autonomie der irdischen Wirklichkeiten» anerkennt, eröffnet sie ihren Religionsanhängern die Möglichkeit, sich als Bürger mittels der in der Demokratie zulässigen Mittel politisch einzubringen.

Religion ist gemäss diesem Modell dann zwar weiterhin in Staat und Zivilgesellschaft präsent. Aber es besteht weniger die Gefahr, die Jacob Burckhardt beschrieben hat und die sich immer wieder manifestiert hat: «Jede Religion würde, wenn man sie rein machen liesse, Staat und Kultur völlig dienstbar, d. h. zu lauter Aussenwerken ihrer selbst machen und die ganze Gesellschaft von sich aus neu bilden. Ihre Repräsentanten, d. h. ihre Hierarchie, würden vollkommen jede andere Herrschaft ersetzen.»[163]

Fallen staatliche und religiöse Autorität in eins oder verbünden sich, scheint diese Gefahr, auch geschichtlich betrachtet, in der Tat fast unausweichlich zu sein. Das beschriebene, sich dem christlichen Weltbild katholischer Ausprägung verdankende Modell bietet demgegenüber die Möglichkeit, Religion und Staat bzw. Gesellschaft unterscheidbar zu halten. Und es ermöglicht Säkularität, Weltlichkeit, die wiederum nicht Gottlosigkeit bedeuten muss.

Zu den Bedingungen des Funktionierens dieses Modells gehört jedoch auch, dass von den Bürgern gelebte Religion nicht durch staatliches Handeln behindert oder unterdrückt wird. Denn es hiesse, die Religion aus dem öffentlichen Raum verbannen zu wollen, wenn man nicht nur die Laizität des Staates, seine religiöse Neutralität also, fordern würde, sondern auch die Laizität der Gesellschaft selbst. Dies würde bedeuten, dem Bürger verbieten zu wollen, sich ausgehend von seinen religiösen Überzeugungen zu äussern und entsprechend zu handeln. Im Grunde würde es, wie Émile Perreau-Saussine treffend bemerkt hat, bedeuten, vom Bürger zu verlangen, Kirche und Staat in sich selbst zu trennen.[164]

Solche Formen von antireligiösem Laizismus dienen weder der gesellschaftlichen Kohäsion noch dem religiösen Frieden. Sie können sich auch nicht darauf berufen, liberal zu sein, wie Friedrich August von Hayek betont hat. Das Ewige und das Zeitliche seien zwar aus liberaler Sicht zwei Bereiche, die auseinandergehalten werden sollten. Zugleich hat Hayek jedoch festgehalten, der «wahre Liberalismus» liege nicht im Streit mit der Religion. Die «militante und wesentlich unliberale antireligiöse Einstellung, die den kontinentalen Liberalismus des 19. Jahrhunderts anfachte», könne man deshalb nur bedauern.[165]

Versöhnung bedeutet immer, auch in Bezug auf Aufklärung sowie Liberalismus einerseits und Religion andererseits, ein zweiseitiges Geschehen. Nicht nur müssen Religionen sich demokratie- und rechtsstaatskompatibel aufstellen. Auch an den demokratischen, grundrechtsgebundenen Staat richtet sich eine Forderung: Er bzw. seine Bürger müssen sich ihrerseits immer wieder die «selbstreflexive Überwindung eines säkularistisch verhärteten und exklusiven Selbstverständnisses der Moderne»[166] zumuten.

Die Versöhnung von Religion und Aufklärung: religion civique statt religion civile

Die Ausführungen zum II. Vatikanischen Konzil zeigen, dass der französische Philosoph Alexis de Tocqueville zentrale Aussagen dieser Kirchenversammlung vorweggenommen hat: das Ende der Allianz von Thron und Altar und damit die Trennung von Staat und Kirche, die Anerkennung der Grundrechte, insbesondere der Religionsfreiheit, und die Erschliessung des politischen sowie zivilgesellschaftlichen Lebens als primäres Wirkungsfeld der in den säkularen Zusammenhängen lebenden Christen.[167] Die katholische Kirche hat damit, zumindest in der Theorie der Texte des II. Vatikanum, das geleistet, was Tocquevilles erster Traum war, als er sich politisch zu engagieren begann: «den liberalen Geist mit dem Geist der Religion zu versöhnen, die neue Gesellschaft mit der Kirche»[168]. Tocqueville und dem Konzil ging es gleichermassen um die Versöhnung der Religion mit dem Erbe der Aufklärung. Und dies hat Bedeutung über den Bereich der katholischen Kirche hinaus.

Um die Rede von der Versöhnung von Aufklärung und Religion richtig zu verstehen, bedarf es zweier Präzisierungen. Erstens – das sei hier wiederholt – waren der Hauptstrom der Aufklärung sowie die Französische Revolution – zumindest in ihren Anfängen – nicht gegen die Religion als solche, auch nicht gegen die christliche bzw. katholische, gerichtet. Diese

Überzeugung teilte Tocqueville. Er hat sie in seinem Spätwerk *L'Ancien Régime et la Révolution* explizit vertreten und argumentativ untermauert: «Die Revolution ist nicht, wie man geglaubt hat, darauf ausgegangen, das Reich des religiösen Glaubens zu zerstören; sie ist, trotz des gegenteiligen Anscheins, im Wesentlichen eine soziale und politische Revolution gewesen.»[169]

Das Ringen der Aufklärung mit der Religion galt im 17. und 18. Jahrhundert nicht einfach und nicht zuerst der Gottesfrage, sondern der Politik. Zwar arbeiteten sich einige der damaligen Protagonisten auch an Ersterer ab. Aber im Vordergrund stand das Ringen um die politische und gesellschaftliche Stellung der Religionsgemeinschaften, der katholischen Kirche in erster Linie. Anfänglich wurde das Thema noch stark unter dem Titel der religiösen Toleranz verhandelt. Zu erinnern ist hier an Pierre Bayle (1647–1706), der das Problem kurz und knapp so umriss: «Eine Gruppierung, die, wenn sie die stärkste wäre, keine andere tolerieren und Gewissenszwang ausüben würde, darf nicht toleriert werden. Nun, eine solche ist die katholische Kirche. Also ist sie nicht zu tolerieren.»[170]

Dem folgte das Bemühen um die Anerkennung dessen, was man heute Religionsfreiheit nennt: die Freiheit des Individuums, seinen Glauben ungehindert zu bekennen, sowie der Genuss der bürgerlichen Rechte, der unabhängig ist vom Bekenntnis einer bestimmten Religion. Voltaire etwa hat dieses politische Anliegen deutlich gemacht in seiner Philippika gegen den Bischof von Genf. Er verteidigte die Vertreibung dessen, «der sich unser Souverän zu nennen unterstand», mit dem Argument, man habe «weiter nichts getan, als wieder in die Rechte der Vernunft und der Freiheit einzutreten, deren wir beraubt worden waren»[171]. Dem Berner Pfarrer Elie Bertrand schrieb er im Jahr 1765: «Die Menschen sind noch nicht weise genug. Sie wissen nicht, dass man jede Art von Religion von jeder Art von

Regierung trennen muss und dass die Religion nicht mehr eine Staatsangelegenheit sein darf, genauso wenig wie die Kochkunst. Es muss erlaubt sein, auf seine eigene Art zu Gott zu beten, so wie man gemäss seinem Geschmack kocht. Und solange man den Gesetzen unterworfen bleibt, müssen der Magen und das Gewissen volle Freiheit geniessen. Dazu wird es eines Tages kommen. Aber ich werde mit dem Schmerz sterben, diese glücklichen Zeiten nicht gesehen zu haben.»[172]

In der Tat erforderten die neuen politischen und gesellschaftlichen Umstände nicht das Ende der Religion, sondern «nur» eine neue Sozialform der Kirche, die mit der Demokratie und den Grundrechten kompatibel war. Da dies nicht auf die Alternative «entweder Aufklärung oder Religion» hinausläuft, ist es möglich, beide Wirklichkeiten miteinander zu versöhnen. Und selbst wenn man dies als naiv oder für ein unerreichbares Ideal halten mag: Zumindest bietet sich die Chance, für die Aufklärung sowie ihre politischen Weiterungen und für die Religion ein zuträgliches und konstruktives Verhältnis zu etablieren.

Zweitens besteht das Erbe der Aufklärung nicht darin, dass sie eine die etablierte Religion konkurrenzierende Zivilreligion hervorgebracht hat, wie Rousseau sie in seinem *Gesellschaftsvertrag* propagiert hat.[173] Der Bürger von Genf verfiel auf diese Theorie, weil er zwar zu Recht – wie später auch Tocqueville – davon überzeugt war, dass mit Institutionen allein kein Staat zu machen sei. Denn dieser bedarf einer Stütze in den Sitten der Bürger, die wiederum von einer ideellen – religiösen – Basis getragen sein müssen. In der ersten Fassung des Kapitels über die Zivilreligion im *Gesellschaftsvertrag*, dem *Manuskript von Genf*, schrieb Rousseau deshalb: Sobald die Menschen in Gesellschaft lebten, bedürften sie einer Religion, die sie zusammenhalte. Nie habe ein Volk Bestand gehabt oder werde es bestehen können ohne Religion. Und wenn man ihm keine solche gebe, würde es von sich aus eine solche schaffen oder bald zerstört werden. In jedem Staat, der von seinen Gliedern das Opfer ihres Lebens verlangen könne, sei der, welcher nicht an ein kommendes Leben glaube, notwendigerweise feige oder verrückt.[174]

Seine Sicht auf das Christentum, sei es katholischer, evangelischer oder von ihm selbst konfessionell «gereinigter» Provenienz, verwehrte es Rousseau jedoch, dieses zu den vorstaatlichen Quellen des Rechts und der Sittlichkeit zu zählen. Zudem sah er die Kompetenz, die «religiöse» Grundlage des Staatswesens zu gewährleisten, nicht bei den Bürgern als einzelne angesiedelt. Es sei zwar für den Staat sehr wichtig, dass jeder Bürger eine Religion habe, die ihn seine Pflichten lieben heisse. Die Artikel dieses rein bürgerlichen Glaubensbekenntnisses festzusetzen, komme jedoch dem «Souverän» zu, als Gesinnung des Miteinanders, ohne die es unmöglich sei, ein guter Bürger und treuer Untertan zu sein.[175]

Wie sehr Rousseau mit seiner These von der *religion civile* mit der aufklärerischen Forderung nach der individuellen Freiheit in Konflikt kam, zeigt seine Überzeugung, der Staat dürfe jeden verbannen, der die Artikel der vom Souverän vorgegebenen Zivilreligion nicht glaube. Ja, wer diese Artikel angenommen habe und sich später so verhalte, als ob er sie nicht glaube, solle gar mit dem Tod bestraft werden.[176] Das Zwanghafte dieser «Religion» mit ihren direkten Auswirkungen auf den zivilrechtlichen Status des Bürgers macht deutlich, dass dies nicht das wahre Erbe der Aufklärung sein kann. Denn Rousseaus Konzeption, gemäss welcher der Souverän die Zivilreligion stiftet und vorschreibt, kann, wie ihm zu Recht vorgehalten wird, in den Totalitarismus führen, auch wenn man ihm eine solche Absicht nicht unterstellen darf.[177]

Vielmehr sind demokratische Staaten sowie die offenen und freien Gesellschaften das Erbe der Aufklärung und der

Französischen Revolution, das es zu erhalten und festigen gilt. Tocqueville hat diesen eigentlichen Ertrag erkannt: «Betrachtet man sie [die Französische Revolution] gesondert von allen Nebenumständen (…), so sieht man deutlich, dass diese Revolution nur die Wirkung gehabt hat, jene politischen Institutionen, die mehrere Jahrhunderte hindurch bei den meisten europäischen Völkern die ungeteilte Herrschaft gehabt hatten und die man gewöhnlich unter dem Namen Feudalwesen zusammenfasst, abzuschaffen, um an deren Stelle eine gleichförmigere soziale und politische Ordnung einzuführen, deren Grundlage die Gleichheit war.»[178] Und Tocqueville war sich bewusst, dass die Sozialform der Kirche während des *Ancien Régime*, die von der Ungleichheit geprägt war, nicht das Christentum schlechthin war. Denn er sah zu Recht den unterscheidenden Charakterzug des Christentums darin, die Ungleichheit abschaffen und «aus allen Menschen Brüder und Gleiche machen zu wollen»[179].

Aufgrund seines historisch konsistenten Verständnisses von Aufklärung sowie Französischer Revolution und seines Gespürs für das Wesen des Christentums vermochte Tocqueville eine neue Sozialform des kirchlichen Lebens zu skizzieren. Er tat dies – wie erwähnt – im theologisch betrachtet korrekten Bewusstsein, dass die Substanz des Christentums ewig ist, dass dessen Form und Sprache jedoch veränderbar sind. Deshalb hat Tocqueville, wie Agnès Antoine mit einem treffenden Wortspiel formuliert hat, für das demokratische Zeitalter nicht im Sinne Rousseaus eine *religion civile* vorgeschlagen, sondern eine *religion civique ou citoyenne:* Es bedarf in der Demokratie nicht einer Zivilreligion, sondern der staatsbürgerlichen Religion, oder besser noch: der Religion des Staatsbürgers und der Staatsbürgerin.[180]

Denn es ist nicht die Aufgabe des säkularen Staates, eine deistische Religion als Zivilreligion zu «erfinden»[181], wie es der Bürger von Genf getan hat. Mittels einer solchen Religion würde der Staat das Gebot seiner religiösen Neutralität verletzen. Gerade gegen dieses Gebot hat Rousseau jedoch verstossen. Denn im Gegensatz zu Tocqueville hat er im *Gesellschaftsvertrag* zur Stiftung einer neuen Religion ermutigt. In den *Briefen vom Berge* kommentierte er die im *Gesellschaftsvertrag* propagierte Zivilreligion und verlangte vom Gesetzgeber, «une religion purement civile» zu schaffen. In diese Zivilreligion solle man alle Grundsätze jeder guten Religion und alle Lehren, seien sie nun allgemeine oder besondere, welche der Gesellschaft wahrhaft nützlich seien, aufnehmen. Und es gelte, alle anderen Lehren wegzulassen, die bloss den Glauben und nicht das zeitliche Wohl beträfen, welches letztere der einzige Gegenstand der Gesetzgebung sei.[182] Nicht bloss um das diesseitige, «zeitliche Wohl» des Staates und seiner Bürger sollte es dabei in Wirklichkeit jedoch gehen. Denn Rousseau zählte zu den Dogmen seiner Zivilreligion auch «die Existenz der allmächtigen, allwissenden, wohltätigen, vorhersehenden und sorgenden Gottheit» und «das zukünftige Leben».[183]

Noch weniger gehört es zu den staatlichen Kompetenzen, den Bürgerinnen und Bürgern eine solche «Religion» aufzuerlegen. Denn damit überschritte der Staat nicht nur seinen Kompetenzbereich. Er begäbe sich auch auf den Weg, sich zu sakralisieren, was mit der Gefahr des Totalitarismus verbunden ist, wie das 20. Jahrhundert mehrfach gezeigt hat. Bereits Condorcet hat diese Gefahr gewittert, sodass man ihn als frühe Antithese zu Rousseau lesen kann: «Wenn man glaubt, die Verfassung des Staates als eine Doktrin lehren zu müssen, die mit der allgemeinen Vernunft übereinstimmt, oder wenn man glaubt, einen blinden Enthusiasmus zu ihren Gunsten wecken zu müssen, der die Bürger unfähig macht, über sie zu urteilen; oder wenn man ihnen sagt: Hier ist das, was ihr anbeten und glauben sollt, dann handelt es sich um eine Art von politischer Religion, die man schaffen möchte. Es ist eine Kette, die man den

Geistern zurechtmacht. Und man verletzt die Freiheit in ihren geheiligtsten Rechten unter dem Vorwand, die Freiheit lieben zu lernen.»[184]

Vielmehr soll der Staat religiös neutral sein und sich damit begnügen, die Religionsfreiheit anzuerkennen sowie zu gewährleisten. Tocqueville hat diesbezüglich den Staat und die Politik in die Pflicht genommen und ihnen die Grenze aufgezeigt, deren Beachtung notwendig ist für ein friedliches sowie produktives Miteinander von Staatsgewalt und Religion: «Überlasst die Dogmen denen, die den Auftrag haben, über Dogmen zu sprechen. Das trägt nicht nur zur Ruhe innerhalb der religiösen Gesellschaft bei, sondern auch zur Sicherheit der Zivilgesellschaft. Das beste Mittel, den Klerus in seiner Sphäre zu halten und ihn energisch dorthin zurückzustossen, wenn er aus ihr ausbrechen will, besteht darin, niemals aus unserer Sphäre auszubrechen. Es geht darum, die Linie sichtbar und dauerhaft zu machen, welche die beiden Mächte trennt.»[185]

Zur Beachtung dieser roten Linie gehört es für den Staat auch, sich nicht in die Organisation der Religionsgemeinschaften einzumischen. Denn wenn diese in ihrem Innenleben durch staatlichen Interventionismus gestört sind, werden auch die Grundrechte ihrer Angehörigen, die Religionsfreiheit an erster Stelle, verletzt. Dies wiederum führt im Ergebnis dazu, dass sich die Angehörigen der betroffenen Religionsgemeinschaft dem Staat entfremden. Ein Anschauungsbeispiel dafür stellt die Zivilkonstitution von 1790 dar, mittels derer versucht wurde, der katholischen Kirche ein neues – staatlichen Maximen entsprechendes – Gewand überzustülpen. Dieser staatliche Eingriff in die mit den Glaubensinhalten – den Dogmen – verwobene Verfassungsstruktur der katholischen Kirche hat der Französischen Revolution schweren Schaden zugefügt, indem er zahlreiche katholische Gläubige, nicht nur in der Vendée, der guten Sache entfremdete. Kein geringerer als der Antiklerikale Jules

Michelet (1798–1874), der klassische Historiograph der Französischen Revolution, hat dies erkannt und anerkannt. Er verurteilte jene Männer, welche die Französische Revolution dahin gebracht hätten, «die christliche Kirche zu reformieren, ohne an das Christentum zu glauben». Unter ihrem Einfluss habe eine im Allgemeinen ungläubige und voltairianisch gesinnte Nationalversammlung das seltsame Schauspiel eines die Kirche reformierenden Voltaire gegeben, der vorgab, diese zur apostolischen Strenge zurückzuführen.[186]

Im religiös neutralen Staat, der darauf verzichtet, sich die Religionsgemeinschaften als seine Instrumente zurechtzumachen, und der davon Abstand nimmt, sich als «Wertegemeinschaft» zivilreligiös aufzuladen, liegt es dann im Sinne der *religion civique* an den religiösen Bürgerinnen und Bürgern – als einzelne und vereint –, von ihrem Gewissen geleitet den Staat und die Gesellschaft mitzuprägen. Dies kann geschehen in Zusammenarbeit mit anderen politischen Akteuren, auch in Auseinandersetzung mit ihnen, im Rahmen und gemäss den Spielregeln der demokratischen Gesellschaft. Nicht die staatlich auferlegte *religion civile* ist ein «Ja» zum demokratisch verfassten säkularen Rechtsstaat. Es ist vielmehr die von den Bürgerinnen und Bürgern gelebte *religion civique*. Denn diese verweist die religiösen Bürgerinnen und Bürger auf den demokratischen Prozess und legitimiert ihn damit auch religiös als Ort des politischen Geschehens.

Geprägt von dieser neuen Sozialgestalt der Kirche leben die christlichen Bürgerinnen und Bürger damit zugleich ihre religiöse Sendung. Sie leisten dadurch dem Staat und der Gesellschaft einen wichtigen Dienst. Denn sie treten ein für die Freiheit des Gewissens. Die Verteidigung dieser Freiheit in den ersten Jahrhunderten des Christentums steht am Ursprung der Geltendmachung aller Freiheitsrechte des Individuums, der Grundrechte. Auch heute bedeutet das Eintreten für die Freiheit des Gewissens die Verteidigung des grundlegendsten aller Freiheitsrechte, die in der Massengesellschaft der Freien und Gleichen stets bedroht sind.[187]

Die Zeit seit Tocqueville hat zudem mehrfach gezeigt, dass von den Bürgerinnen und Bürgern gelebte Religion eine wirksame Wehr gegen totalitäre Übergriffigkeit des Staates ist. Charles de Montalembert, ein nicht zum Klerus gehörender kirchlicher Ahne des II. Vatikanischen Konzils und Zeitgenosse Tocquevilles, hat dies 1863 in seiner zweiten Brüsseler Rede über die freie Kirche im freien Staat (*Discours de Malines*) vorausgesehen und von den katholischen Christen gesagt: «Wir allein sind eine Religion, eine Kirche, die fähig ist, der Welt die Stirn zu bieten, den Cäsaren wie den Demagogen, die beide in diese schreckliche Vermischung der zwei Mächte [Staatsgewalt und Religion] verliebt sind, die das Ideal aller Tyranneien ist.»[188] Und in seiner ersten Brüsseler Rede findet sich das Diktum: «Das Martyrium ist eine Erfindung des Himmels, um die Meister dieser Welt zu zähmen.»[189] Das diesbezügliche Zeugnis der Christen – man denke nur etwa an den Widerstand gegen die marxistisch-leninistische Unterdrückung im seinerzeitigen Ostblock – hat Rousseaus These widerlegt, «wahre Christen» seien dazu geschaffen, Sklaven zu sein.

Tocquevilles Modell, welches auch dasjenige des II. Vatikanum ist, kann zudem Angehörigen anderer Religionen zeigen, dass ein fruchtbares Wirken in einem säkularen, also religionslosen Staat möglich ist. Nichtchristliche Religionen wie etwa der Islam werden nur dann keine Gefahr für den grundrechtsgebundenen Staat und für die offene Gesellschaft mehr darstellen, wenn sie ebenfalls lernen, religiöse Autorität und politische Führung zu trennen. Und sie müssen vermeiden, religiöse Vollmacht über die Gewissen der Menschen zu missbrauchen, um damit politische Macht auszuüben. Voraussetzung dafür ist, dass sich die religiösen Würdenträger darauf beschränken, die Gewissen der Bürger zu bilden, und dass sie darauf verzichten, mit religiöser Autorität am demokratischen Diskurs vorbei Politik zu betreiben. Mit anderen Worten: Die Autorität einer Religionsgemeinschaft darf nicht zu verhindern versuchen, dass ihre Religionsangehörigen – beiderlei Geschlechts – ihre bürgerlichen und politischen Rechte frei ausüben.[190]

Die vom II. Vatikanischen Konzil vertretene Position ermöglicht, dass sich der Angehörige einer Religionsgemeinschaft uneingeschränkt als solcher fühlen sowie betätigen kann und dass er zugleich um das Wohl des Staates sowie der Gesellschaft bemüht ist. Nach einer Religion zu leben und Bürger zu sein sind damit – anders als Rousseau meinte – keine prinzipiellen Gegensätze. Beide Welten können – im dargestellten Sinn der *religion civique* – miteinander verbunden werden, gerade in der freiheitlichen Demokratie und in den offenen Gesellschaften. Dabei kann, wie es das II. Vatikanische Konzil vertritt, die Religion unverkürzt Religion bleiben. Sie muss sich nicht selbstsäkularisieren. Sie muss sich auch nicht verwässern in eine deistische Zivilreligion oder in den Sinn und Geschmack für das Unendliche, um in der pluralistischen Gesellschaft präsent sowie wirksam sein zu können.

Der Staat wiederum wird durch Religion, die in dieser Art und Weise gelebt wird, nicht zum Gottesstaat. Er bleibt säkular und demokratisch, weil die Bürgerinnen und Bürger, gerade auch die religiösen, säkular sowie demokratisch gesinnt sind und entsprechend handeln. Nur diese Prägung der Anhänger einer Religion vermag schliesslich zu verhindern, dass sie mit den Mitteln der Demokratie die Grundrechte sowie die politischen Rechte Andersgläubiger zu beschneiden versuchen, wenn sie im Staat die Mehrheit bilden sollten. Denn nur der von der eigenen Religion verlangte Respekt vor der Legitimität des säkularen, grundrechtsgebundenen Staates vermag sie dann davon abzuhalten. In der Tat ist die auf geschichtlicher Beobachtung fussende und neuerdings von Henri Peña-Ruiz wieder gemachte Feststellung nicht leicht zu widerlegen: «Überall, wo eine Religion beherrscht wird, befürworten deren Anhänger die Laisierung [des Staates]. Überall jedoch, wo eine Religion (…) dominiert, weisen deren Anhänger die Laizität zurück.»[191]

In diesem Zusammenhang ist zudem an den früheren deutschen Bundesverfassungsrichter Ernst-Wolfgang Böckenförde zu erinnern, der – an Pierre Bayles Reserven gegenüber der katholischen Kirche[192] gemahnend – im Zuge der Besprechung eines Werks von Lukas Wick im Jahr 2009 betont hat: «Einerseits ist es notwendig, dass die Angehörigen des Islams, die bei uns leben, ungeachtet ihrer bestehenden Vorbehalte gegenüber Säkularisierung und Religionsfreiheit ungeschmälert der Rechte teilhaftig werden, die unsere freiheitliche Ordnung gewährleistet. Auf diese Weise wirkt Freiheit am ehesten ansteckend und fördert die Integration. Der Staat hat seinerseits zu verlangen, dass die geltenden Gesetze loyal befolgt werden; darüber hinausgehende ‹Wertbekenntnisse› sollte er nicht einfordern. Andererseits hat der Staat dafür Sorge zu tragen, dass so lange die von Wick aufgezeigten Vorbehalte fortbestehen, die Angehörigen des Islams durch geeignete Massnahmen im Bereich von Freizügigkeit und Migration – nicht zuletzt im Hinblick auf die Türkei – in ihrer Minderheitenposition verbleiben, ihnen mithin der Weg verlegt ist, über die Ausnutzung demokratischer politischer Möglichkeiten seine auf Offenheit angelegte Ordnung von innen her aufzurollen. Darin liegt nicht mehr als seine Selbstverteidigung, die der freiheitliche Verfassungsstaat sich schuldig ist.»[193]

Gemäss der hier vorgestellten Konzeption kann es Aussicht geben auf das Ende des «Kriegs» zwischen dem Erbe der Aufklärung – dem so genannten Säkularismus – und der Religion. Eigentlich handelt es sich dabei, wie Larry Siedentop martialisch festgestellt hat, um einen «Bürgerkrieg», weil beide Seiten dieselbe Heimat haben – das Christentum.[194] Letzteres hat das Individuum erfunden und im Römischen Reich als erste Kraft der Weltgeschichte für die Freiheit des Gewissens, und damit für die Grundrechte des Individuums, erfolgreich gekämpft.[195] Es war die Aufklärung, die an diesen urchristlichen Ideen Jahrhunderte später, nach den Zeiten des Feudalismus, angeknüpft hat. Tragischerweise musste die Aufklärung diesen Ideen gegen die katholische Kirche – eigentlich gegen ihre mit dem Adel verbündete bischöfliche Oberschicht – zum Durchbruch verhelfen. Denn die Kirche war zwischenzeitlich hinter das zurückgefallen, was sie einst angestossen hatte.

An dieser Stelle ist denn auch auf die tragische Figur des Félicité de Lamennais zurückzukommen. Auch wenn Tocqueville sich später, in seinen *Erinnerungen*, kritisch zu dessen Charakterzügen geäussert hat, hat er ihm dennoch einiges zu verdanken.[196] Denn Lamennais war es, der sich mit seinen Mitstreitern als Erster öffentlichkeitswirksam die Versöhnung von Liberalismus, Demokratie und katholischer Kirche auf die Fahne geschrieben hatte. Er wurde dadurch zum «Visionär einer neuen Christenheit»[197]. Dafür hat er persönlich einen hohen Preis bezahlt. Von der Kirche in Frankreich verfemt und vom Papst verurteilt, entfremdete er sich des katholischen Glaubens, gab sein Priesteramt auf und verweigerte zuletzt, von praktisch allen Verbündeten verlassen, sogar ein kirchliches Begräbnis.[198] Heute muss Lamennais gleichwohl neben Tocqueville als Vordenker des II. Vatikanischen Konzils gelten, was das Verhältnis von katholischer Kirche einerseits und Aufklärung, Demokratie sowie Grundrechten andererseits betrifft.[199] Zur Versöhnung von Aufklärung, Demokratie und katholischer Kirche würde es deshalb auch gehören, wenn Letztere Lamennais in irgendeiner Form Gerechtigkeit widerfahren lassen würde. Sie könnte dazu ein Wort des 1998 von ihr seliggesprochenen Sozialreformers

Frédéric Ozanam (1818–1853) bedenken: «Gott möge Lamennais barmherzig sein. Und er möge denen verzeihen, die durch widerliche Schmähungen dieses strahlende Genie nach und nach auf einen Weg des Zorns und der geistigen Verwirrung gestossen haben.»[200]

Denn in der Tat: Die katholische Kirche hat sich schliesslich vom Denken Papst Gregors XVI., der Lamennais verurteilt hatte, distanziert. Sie tritt mittlerweile selbst für die Trennung von Staat und Kirche ein. Und sie anerkennt die Grundrechte, insbesondere die Religionsfreiheit: «Das Vatikanische Konzil erklärt, dass die menschliche Person das Recht auf religiöse Freiheit hat. Diese Freiheit besteht darin, dass alle Menschen frei sein müssen von jedem Zwang sowohl von Seiten Einzelner wie gesellschaftlicher Gruppen, wie jeglicher menschlichen Gewalt, so dass in religiösen Dingen niemand gezwungen wird, gegen sein Gewissen zu handeln, noch daran gehindert wird, privat und öffentlich, als einzelner oder in Verbindung mit anderen – innerhalb der gebührenden Grenzen – nach seinem Gewissen zu handeln.»[201]

Es war Papst Benedikt XVI., der im Jahr 2005, Bezug nehmend auf das II. Vatikanische Konzil, in diesen Fragen eine Diskontinuität der kirchlichen Soziallehre eingeräumt und betreffend überholte kirchliche Stellungnahmen erklärt hat: «Wir mussten – besser, als es bis dahin der Fall gewesen war – verstehen, dass die Entscheidungen der Kirche in Bezug auf vorübergehende, nicht zum Wesen gehörende Fragen – zum Beispiel in Bezug auf bestimmte konkrete Formen des Liberalismus oder der liberalen Schriftauslegung – notwendigerweise auch selbst vorübergehende Antworten sein mussten, eben weil sie Bezug nahmen auf eine bestimmte in sich selbst veränderliche Wirklichkeit.»[202]

Mit dem II. Vatikanischen Konzil hat die katholische Kirche somit die Aufklärung – und damit den daraus fliessenden

Liberalismus, jedenfalls dessen nicht antireligiöse Variante – als ihr Kind anerkannt, auch wenn sie die Aufklärung lange Zeit höchstens als illegitimes Kind betrachtet hatte.[203] Es liegt nun an ihr, die Synthese von Religion und Aufklärung, die sie mit dem II. Vatikanischen Konzil in der Theorie geleistet hat, in der Wirklichkeit des kirchlichen Lebens umzusetzen. In Teilen der Kirche, auch ihrer Hierarchie, ist das gegenwärtig noch ein Desiderat. Denn einerseits wird der kirchlichen Hierarchie von retardierenden Kräften immer noch ein direktes (tages-)politisches Mandat zugesprochen, und sie spricht es sich bisweilen in vorkonziliarer Manier selbst zu. Andererseits zählen sich nicht wenige der in die säkularen Zusammenhänge eingebetteten Anhänger der Kirche zu den Hirten. Als solche versuchen sie dann, nicht im eigenen Namen, sondern über die institutionelle Seite der Kirche in deren Namen auf das alltägliche politische Geschehen einzuwirken. Damit gehen sie nach wie vor hinter eine Unterscheidung zurück, die das II. Vatikanische Konzil bereits gemacht hatte: «Sehr wichtig ist besonders in einer pluralistischen Gesellschaft, dass man das Verhältnis zwischen der politischen Gemeinschaft und der Kirche richtig sieht, so dass zwischen dem, was die Christen als einzelne oder im Verbund im eigenen Namen als Staatsbürger, die von ihrem christlichen Gewissen geleitet werden, und dem, was sie im Namen der Kirche zusammen mit ihren Hirten tun, klar unterschieden wird.»[204]

Die Rezeption dessen, was das II. Vatikanische Konzil geleistet hat, ist jedoch trotz eines bisher unvollständigen Verständnisses konziliarer Aussagen am Wachsen. Das Gelingen dieser Rezeption kann auch anderen Konfessionen und Religionen nützlich sein bei der Suche nach ihrer angemessenen Verortung in der offenen und freien Gesellschaft. Die Einsichten Tocquevilles, der mit feinem Gespür das Wesen der Demokratie erfasst hat – und man wird sagen dürfen: auch die Natur des Christentums –, können dazu eine Hilfe sein.

Ein neues Bedenken der Einsichten von Alexis de Tocqueville kann dem säkularen Staat und der Zivilgesellschaft ebenfalls von Nutzen sein, weil Tocqueville zur Einsicht führt, dass es das Bewusstsein von der Abhängigkeit vom Göttlichen ist, das politische Freiheit ermöglicht, indem es die Tyrannei der Mehrheit zügelt. Denn die gelebte Religion gibt den Sitten einen ideellen Rückhalt und begleitet das säkulare Denken mit einer Weisheit, welche die Demokratie aus sich selbst schwerlich hervorzubringen vermag: die Weisheit, die im Bewusstsein der Begrenztheit der menschlichen Autonomie wurzelt.[205] Nicht weil Religion die Regierungsgeschäfte leitet, sondern weil sie das Individuum beim klugen Gebrauch seiner Freiheit begleitet, hat Tocqueville die Religion in seinem Amerika-Buch als die erste der politischen Einrichtungen bezeichnet.[206]

Anmerkungen

Die vorliegende Schrift geht hervor aus einem in italienischer Sprache verfassten Beitrag, der für ein theologisch interessiertes Publikum konzipiert wurde: *Martin Grichting*, Alexis de Tocqueville precursore del pensiero del Concilio Vaticano II. La missione dei laici nella società dei liberi ed eguali, in: *Letizia Bianchi* et al. (Hrsg.), Fides et Jus in Ecclesia. Scritti in onore di Arturo Cattaneo, Siena 2023, S. 25–49. Ich danke den Herausgebern jener Festschrift für die Erlaubnis, den Text in deutscher Sprache in überarbeiteter und erheblich erweiterter Form eigens auswerten zu dürfen.

[1] *François Furet*, Art. Tocqueville, in: *ders.* und *Mona Ozouf* (Hrsg.), Dictionnaire critique de la Révolution française, Bd. 5: Interprètes et historiens, Paris 1992, S. 261.
[2] *Condorcet*, Entwurf einer historischen Darstellung der Fortschritte des menschlichen Geistes, hrsg. von Wilhelm Alf, Berlin 1976.
[3] *Élisabeth Badinter* und *Robert Badinter*, Condorcet. Un intellectuel en politique, Paris 1988, Nachdruck Paris 2021, S. 666.
[4] *Condorcet*, Entwurf (Anm. 2), S. 31, 212, 221 f.
[5] Vgl. *Condorcet*, Sur l'instruction publique. Premier mémoire, in: Œuvres de Condorcet, Bd. 7, Paris 1847, S. 183.
[6] *Giovanni Pico della Mirandola*, Über die Würde des Menschen, Hamburg 1990, S. 7.
[7] *Wilhelm von Humboldt*, Ideen zu einem Versuch, die Grenzen der Wirksamkeit des Staates zu bestimmen, Berlin 2016, S. 55, 60, 65 (7. Religion).

8   Vgl. *Max Horkheimer* und *Theodor W. Adorno*, Dialektik der Aufklärung. Philosophische Fragmente, 25. Aufl., Frankfurt a. M. 2020.

9   *Corine Pelluchon*, Das Zeitalter des Lebendigen. Eine neue Philosophie der Aufklärung, Darmstadt 2021, S. 136.

10   *Nicolas de Condorcet*, Conseils à sa fille, in: *ders.*, Conseils à sa fille et autres textes. Edition préfacée et annotée par Laura El Makki et Nathalie Wolff, Paris 2022, S. 76.

11   *Benjamin Constant*, Lettre sur Julie, in: Mélanges de littérature et de politique, *François Rosset* (Hrsg.), Berlin/Boston 2012, S. 196 (=Œuvres complètes. Série Œuvres, Bd. XXXIII).

12   *Hans Jonas*, Das Prinzip Verantwortung. Versuch einer Ethik für die technologische Zivilisation. Mit einem Nachwort von Robert Habeck, 1. Aufl., Frankfurt a. M. 1979, Berlin 2020, S. 243.

13   So auch die Hoffnung Condorcets, vgl. *Badinter*, Condorcet (Anm. 3), S. 97.

14   *Jürgen Habermas*, Zwischen Naturalismus und Religion. Philosophische Aufsätze, 3. Aufl., Frankfurt a. M. 2019, S. 137.

15   *Friedrich Schleiermacher*, Über die Religion. Reden an die Gebildeten unter ihren Verächtern, Stuttgart 2019, S. 36, 60, 81–83.

16   *Karl Marx*, Zur Kritik der Hegelschen Rechtsphilosophie. Einleitung, in: *Iring Fetscher* (Hrsg.), Karl Marx und Friedrich Engels, Studienausgabe in 4 Bänden, Bd. 1, Frankfurt a. M. 1966, S. 17.

17   Vgl. *Ulrich L. Lehner*, Katholische Aufklärung. Weltgeschichte einer Reformbewegung, Paderborn 2017, S. 227–238.

18   Vgl. *Martin Grichting*, Im eigenen Namen, in eigener Verantwortung. Eine katholische Antwort auf den Pluralismus, Basel 2018.

19   Ein Werk, das vieles vorweggenommen hat, dafür jedoch zu wenig Wertschätzung findet, ist das Hirtenschreiben des Pariser Kardinals *Emmanuel Suhard*, Essor ou déclin de l'Église. Lettre pastorale. Carême de l'an de grâce 1947, Paris 1947, Nachdruck Paris 2018. Aus theologischer Sicht ist vor allem auf *Yves M.-J. Congar*, Sacerdoce et Laïcat, Paris 1962, hinzuweisen. Ebenfalls bedeutsam ist: *Gérard Philips*, Der Laie in der Kirche, Salzburg 1955, und *ders.*, Pour un christianisme adulte, Tournai 1962.

20 *Henri-Dominique Lacordaire*, Discours de M. Lacordaire prenant place au siège de M. de Tocqueville, in: OC XVI (vgl. Anm. 42), S. 312 f.

21 Vgl. *Larry Siedentop*, Die Erfindung des Individuums. Der Liberalismus und die westliche Welt, 2. Aufl., Stuttgart 2016; vgl. *Martin Rhonheimer*, Christentum und säkularer Staat. Geschichte – Gegenwart – Zukunft. Mit einem Vorwort von Ernst-Wolfgang Böckenförde, Freiburg i. Br. 2012; vgl. auch *Jean-Louis Harouel*, Le vrai génie du christianisme. Laïcité, Liberté, Développement, 2. Aufl., Paris 2022.

22 *Tertullian*, Apologeticum, Kap. 50, 13, in: Bibliothek der Kirchenväter, 1. Reihe, Bd. 24, Kempten und München 1915, S. 182.

23 Für diese treffende Formulierung vgl. *Carlos Soler*, Sobre el papel del dualismo cristiano en la génesis de la libertad, in: Ius Canonicum 30 (1990), S. 296.

24 *Josef Isensee*, Verfassungsstaatliche Erwartungen an die Kirche, in: Essener Gespräche zum Thema Staat und Kirche 25 (1991), S. 141.

25 *Edward Gibbon*, Verfall und Untergang des römischen Imperiums, Bd. 1, Darmstadt 2016, S. 505 (Kapitel XVI.).

26 *Voltaire*, Über die Toleranz, 6. Aufl., Berlin 2019, S. 154.

27 *Turgot*, Über die Fortschritte des menschlichen Geistes, hrsg. von Johannes Rohbeck und Lieselotte Steinbrügge, 2. Aufl., Frankfurt a. M. 2016, S. 155–157.

28 *Jean Lerond D'Alembert*, Einleitung zur Enzyklopädie. Herausgegeben und eingeleitet von Erich Köhler, Hamburg 1955, S. 111–115.

29 *Gerd Tellenbach*, Libertas. Kirche und Weltordnung im Zeitalter des Investiturstreits, Nachdruck der 1. Aufl. 1936, Stuttgart/Berlin/Köln 1996, S. 86.

30 Vgl. *Jacques-Bénigne Bossuet*, Œuvres historiques, philosophiques et politiques. Édition établie par Maxence Caron, Bd. 2, Paris 2020, S. 1362 f.; deutsche Übersetzung: Jakob Benignus Bossuet's Universal-Geschichte vom Anfange der Welt bis auf das Kaiserreich Karl's des Grossen. In Vorträgen gehalten vor dem Dauphin von Frankreich, Würzburg 1827, S. 398 f. (2. Teil, Kap. 30).

31 Vgl. *Johan Huizinga*, Herbst des Mittelalters, 11. Aufl., Stuttgart 1975, S. 74–84.

32 *Jean de La Bruyère*, Die Charaktere oder die Sitten des Jahrhunderts, 4. Aufl., Leipzig 1970, S. 206.
33 Ebd., S. 193 f.
34 *John Locke*, Über die Regierung (The Second Treatise of Government), Stuttgart 2019, S. 6 f. (II.6., Der Naturzustand).
35 Ebd., S. 20 (IV.23., Die Sklaverei).
36 *Rainer Forst*, Toleranz im Konflikt. Geschichte, Gehalt und Gegenwart eines umstrittenen Begriffs, 6. Aufl., Frankfurt a. M. 2020, S. 287.
37 *Denis Diderot*, Art. Autorité politique, in: *ders.* und *Jean-Baptiste le Rond d'Alembert*, Enzyklopädie. Eine Auswahl, Frankfurt a. M. 2013, S. 63 f.
38 Meisterhaft dargestellt ist dieser Prozess von *Reinhart Koselleck*, Kritik und Krise. Eine Studie zur Pathogenese der bürgerlichen Welt, 1. Aufl., Freiburg/München 1959, 14. Aufl., Frankfurt a. M. 2018.
39 *Emmanuel Sieyès*, Abhandlungen über die Privilegien. Was ist der dritte Stand?, hrsg. von Rolf Hellmut Foerster, Frankfurt a. M. 1968, S. 55.
40 Vgl. *Pierre Pierrard*, L'Église et la Révolution (1789–1889), Paris 1988, S. 23–30 ; vgl. *Hans Maier*, Revolution und Kirche. Zur Frühgeschichte der Christlichen Demokratie, 5. Aufl., Freiburg i. Br./Basel/Wien 1988, S. 105 f.
41 Vgl. dazu mit weiterführender Literatur: *Martin Grichting*, Das Verfügungsrecht über das Kirchenvermögen auf den Ebenen von Diözese und Pfarrei, 2. Aufl., St. Ottilien 2012, S. 139–164. Eine konzise Zusammenfassung der historischen Entwicklung von der Blütezeit der gallikanischen Kirche bis zu ihrer definitiven Zerstörung unter Napoleon bietet: *Émile Perreau-Saussine*, Catholicisme et démocratie. Une histoire de la pensée politique, Paris 2011, S. 15–83.
42 Zu Tocquevilles Leben und Wirken vgl. *Norbert Campagna, Oliver Hidalgo* und *Skadi Siiri Krause* (Hrsg.), Tocqueville Handbuch. Leben – Werk – Wirkung, Berlin 2021; vgl. auch *André Jardin*, Alexis de Tocqueville. Leben und Werk, Frankfurt a. M. 1984; vgl. *Françoise Mélonio*, Tocqueville et les Français, Paris 1993; vgl. *Larry Siedentop*, Tocqueville, Oxford/New York 1994; vgl. *Karlfriedrich Herb* und *Oli-*

ver Hidalgo, Alexis de Tocqueville, Frankfurt a. M. 2005; vgl. *Lucien Jaume*, Tocqueville. Les sources aristocratiques de la liberté. Biographie intellectuelle, Paris 2008; vgl. *Oliver Zunz*, Tocqueville. L'homme qui comprit la démocratie, Paris 2022. Immer noch gültige Einsichten enthält: *Jacob Peter Mayer*, Alexis de Tocqueville, Prophet des Massenzeitalters, 2. Aufl., Stuttgart 1955. Zu Tocquevilles privatem und politischem Umfeld vgl. *Christian Bégin*, Tocqueville et ses amis, 2 Bde., Paris 2015. Vgl. zu Tocquevilles Werk: *Alexis de Tocqueville*, Œuvres complètes, Paris 1951 ff., [bisher 18 Bände, in der Folge zitiert als «OC»]. Tocqueville hat ‹nur› drei Bücher verfasst (vgl. dazu Anm. 45 und 79; das dritte Werk, die *Souvenirs*, ist für die vorliegende Arbeit nur wenig einschlägig, vgl. Anm. 196). Der Reichtum seines Denkens ist darüber hinaus in einer Fülle von Korrespondenz enthalten, die in OC VI und den folgenden Bänden publiziert ist, vgl. dazu *Norbert Campagna, Oliver Hidalgo* und *Skadi Siiri Krause*, Art. Briefwechsel, in: *dies.* (Hrsg.), Tocqueville Handbuch (in dieser Fussnote), S. 71–87.

43 Zum «Liberalen einer neuen Art» vgl. OC XVII,1, S. 296; vgl. auch *Oliver Hidalgo*, Art. Liberalismus einer neuen Art, in: *Campagna, Hidalgo* und *Krause* (Hrsg.), Tocqueville Handbuch (Anm. 42), S. 226–228; vgl. *Oliver Hidalgo*, Carl Schmitt und Tocquevilles ‹Liberalismus einer neuen Art›, in: *ders.*, Politische Theologie. Beiträge zum untrennbaren Zusammenhang zwischen Religion und Politik, Wiesbaden 2018, S. 67–90.

44 Vgl. *Doris S. Goldstein*, Trial of Faith. Religion and Politics in Tocqueville's Thought, New York/Oxford/Amsterdam 1975, S. 1 f.; vgl. *Oliver Hidalgo*, Art. Katholizismus, in: *Campagna, Hidalgo* und *Krause* (Hrsg.), Tocqueville Handbuch (Anm. 42), S. 213–215.

45 Vgl. *Alexis de Tocqueville*, Über die Demokratie in Amerika, 2 Bde., Zürich 1987 [in der Folge zitiert als «DA»], hier DA, Bd. 1, S. 447; vgl. zur vollständigen deutschsprachigen Übersetzung: *Juri Auderset*, Übersetzung und Interpretation. Jacob Peter Mayer, Hans Zbinden und die deutsche Übersetzung von Tocquevilles ‹De la Démocratie en Amérique› (1959/1962), in: Geschichte und Gesellschaft 43 (2017), S. 585–611. In Auszügen ist Tocquevilles Hauptwerk publiziert in Reclams Universal-Bibliothek (Nr. 8077): *Alexis de Tocqueville*, Über die

Demokratie in Amerika, ausgewählt und herausgegeben von Jacob Peter Mayer, Stuttgart 2016. Historisch-kritische Ausgabe mit englischer Übersetzung: *Alexis de Tocqueville*, Democracy in America. Historical-Critical Edition of *De la démocratie en Amérique*, edited by Eduardo Nolla, translated from the French by James T. Schleifer, 4 Bde., Indianapolis 2010; vgl. auch OC I.

46 OC XV,2, S. 29; vgl. auch OC XVII,1, S. 126 f.; vgl. OC XIV, S. 44; vgl. *Agnès Antoine*, L'impensé de la démocratie. Tocqueville, la citoyenneté et la religion, Paris 2003, S. 174–177; vgl. *Anna Maria Battista*, Lo spirito liberale e lo spirito religioso. Tocqueville nel dibattito sulla scuola, Milano 1976, S. 27–42; vgl. *George Armstrong Kelly*, The humane comedy: Constant, Tocqueville and French liberalism, Cambridge 1992, S. 28–35; vgl. auch *Pierre Gibert*, Tocqueville et la religion: Entre réflexion politique et confidences épistolaires, in: The Tocqueville Review/La Revue Tocqueville 27/2 (2006), S. 133–148.

47 OC IX, S. 57.

48 OC, XIV, S. 134; vgl. *Goldstein*, Trial (Anm. 44), S. 5–7.

49 OC XV,2, S. 315; vgl. OC XVII,3, S. 461; vgl. *Zunz*, Tocqueville (Anm. 42), S. 365–367. Vgl. zu Sophie Swetchine, die Mitte des 19. Jahrhunderts im Zentrum des politischen Katholizismus Frankreichs stand: *Tatyana V. Bakhmetyeva*, Mother of the Church. Sofia Svechina, the Salon, and the Politics of Catholicism in Nineteenth-Century Russia and France, Illinois 2016; vgl. *Francine de Martinoir*, Madame Swetchine ou le Ciel d'ici, Paris 2011; vgl. auch *Bégin*, Amis (Anm. 42), Bd. 2, S. 179–196.

50 DA, Bd. 2, S. 214.

51 Vgl. *Norbert Campagna*, Die Moralisierung der Demokratie. Alexis de Tocqueville und die Bedingungen der Möglichkeit einer liberalen Demokratie, Cuxhaven und Dartford 2001, S. 257–276; vgl. *Goldstein*, Trial (Anm. 44), S. 83 f. und S. 124 f.; vgl. auch *Antoine*, L'impensé (Anm. 46), S. 143–169.

52 DA, Bd. 2, S. 187. Eine ausgewogene Darstellung der religiösen Überzeugungen Tocquevilles bietet ebenfalls: *Oliver Hidalgo*, Art. Religion, in: *Campagna*, *Hidalgo* und *Krause* (Hrsg.), Tocqueville Handbuch (Anm. 42), S. 266–269; vgl. auch *Christian Bégin*, Tocqueville et la frac-

ture religieuse, in: The Tocqueville Review/La Revue Tocqueville 32 (2011), S. 170–172. Zum Einfluss Pascals auf Tocqueville vgl. *Jaume*, Tocqueville (Anm. 42), S. 218–261. Vgl. *Blaise Pascal*, Schriften zur Religion. Übertragen und eingeleitet von Hans Urs von Balthasar, Einsiedeln 1982, S. 223–225.

53 OC XIII,2, S. 233.

54 OC X, S. 106.

55 OC XIII,1, S. 374.

56 OC XIII,2, S. 209. Das gilt auch für die Thematik der Religion, vgl. zu ihrer zeitgenössischen politischen Situierung in den USA und in Frankreich: *Skadi Siiri Krause*, Eine neue Politische Wissenschaft für eine neue Welt. Alexis de Tocqueville im Spiegel seiner Zeit, Berlin 2017, S. 384–416. *Goldstein*, Trial (Anm. 44), S. 109, spricht von einer «didaktischen Absicht» gegenüber der französischen Öffentlichkeit, von der Tocqueville geleitet gewesen sei. Vgl. dazu auch *Alan S. Kahan*, Tocqueville, Democracy, and Religion. Checks and Balances for Democratic Souls, Oxford 2015, S. 147.

57 Vgl. oben Anm. 45; vgl. dazu *Oliver Hidalgo*, Art. De la démocratie en Amérique (1835/1840), in: *Campagna*, *Hidalgo* und *Krause* (Hrsg.), Tocqueville Handbuch (Anm. 42), S. 16–25.

58 Editors' Introduction, in: *Alexis de Tocqueville*, Democracy in America. Translated, edited, and with an introduction by Harvey C. Mansfield and Delba Winthrop, Chicago/London 2000, S. XVII.

59 Vgl. zum neuen Interesse an Constants Religionsverständnis: *Helena Rosenblatt*, Liberal Values. Benjamin Constant and the Politics of Religion, Cambridge 2008; vgl. *Denis Thouard*, Liberté et Religion. Relire Benjamin Constant, Paris 2020; vgl. auch *Léonard Burnand*, Benjamin Constant, Paris 2022, S. 171–182.

60 Vgl. DA, Bd. 1, S. 453 f. *Mélonio*, Tocqueville (Anm. 42), S. 171, konstatiert: «Pour le parti catholique Tocqueville reste un étranger au sérail»; vgl. dazu ebd., S. 253–256; vgl. auch *Kahan*, Tocqueville, Democracy (Anm. 56), S. 147–153; vgl. *Oliver Hidalgo*, Das politisch-theologische Problem der Demokratie – Alexis de Tocqueville und die Vermittlung zwischen Individuum und Gemeinschaft, in: Jahrbuch für christliche Sozialwissenschaft 50 (2009), S. 126 f.

61 *Joseph de Maistre*, Betrachtungen über Frankreich, 2. Aufl., Wien 2004, S. 47.

62 Die wesentlichen Beiträge der Zeitung *L'Avenir* sind publiziert in: *Guido Verucci*, L'Avenir 1830–1831. Antologia degli articoli di Félicité-Robert Lamennais e degli altri collaboratori, Rom 1967.

63 Vgl. *Sylvain Milbach*, Lamennais 1782–1854, Rennes 2021; vgl. auch *Andreas Verhülsdonk*, Religion und Gesellschaft: Félicité de Lamennais, Frankfurt a.M./Bern/New York/Paris 1991; vgl. *Louis Le Guillou*, Lamennais, Brügge/Paris 1969; vgl. auch *ders.*, L'évolution de la pensée religieuse de Félicité Lamennais, Paris 1966; vgl. *Maier*, Revolution und Kirche (Anm. 40), S. 157–166 und S. 173–188; vgl. *Victor Conzemius*, Propheten und Vorläufer. Wegbereiter des neuzeitlichen Katholizismus, Zürich/Einsiedeln/Köln 1972, S. 28–48; vgl. *Thomas Kselman*, Conscience and Conversion. Religious Liberty in Post-Revolutionary France, New Haven/London 2018, S. 157–191. Zur Wirkungsgeschichte von Lamennais in Deutschland vgl. *Gerhard Valerius*, Deutscher Katholizismus und Lamennais. Die Auseinandersetzung in der katholischen Publizistik 1817–1854, Mainz 1983.

64 Vgl. *Anne Philibert*, Henri Lacordaire, Paris 2016.

65 Vgl. *Aimé Richardt*, Montalembert, Paris 2019; vgl. auch *Conzemius*, Propheten (Anm. 63), S. 63–78. Eine gute zeitgeschichtliche Situierung der erwähnten drei Protagonisten bietet: *José Cabanis*, Lacordaire et quelques autres. Politique e religion, Paris 1982.

66 Vgl. *Verucci*, L'Avenir (Anm. 62), S. 9.

67 Vgl. ebd., S. 169–173.

68 Vgl. *Kselman*, Conscience (Anm. 63), S. 166 f.; vgl. auch *Perreau-Saussine*, Catholicisme (Anm. 41), S. 106; vgl. *Le Guillou*, Lamennais (Anm. 63), S. 25 f.

69 *Kselman*, Conscience (Anm. 63), S. 168.

70 Vgl. *Marie von Ebner-Eschenbach*, Aphorismen, Luzern 1948, S. 50.

71 Vgl. *Milbach*, Lamennais (Anm. 63), S. 177–179; vgl. auch *Richardt*, Montalembert (Anm. 65), S. 62–65.

72 Vgl. den Text bei: *Emil Marmy* (Hrsg.), Mensch und Gemeinschaft in christlicher Schau. Dokumente, Fribourg 1945, S. 15–31; vgl.

die Akten betreffend die kirchliche Verurteilung der Forderungen von *L'Avenir* in: *Marie-Joseph Le Guillou* et *Louis Le Guillou* (Hrsg.), La condamnation de Lamennais, Paris 1982; vgl. dazu *Conzemius*, Propheten (Anm. 63), S. 36–38.

73 Œuvres complètes de F. de La Mennais, Bd. XII, Paris 1836–1837, S. 286; deutschsprachige Ausgabe: *Félicité von La Mennais*, Angelegenheiten Rom's, Basel 1837, S. 221.

74 Schreiben vom 25. Januar 1833 an P. Ventura, in: *Louis Le Guillou* (Hrsg.), Félicité de Lamennais. Correspondance générale, Bd. 5, Paris 1974, S. 290 und S. 293; ebenfalls in Auszügen abgedruckt in: *Le Guillou*, Lamennais (Anm. 63), S. 121 f.

75 OC III,2, S. 599 f.; vgl. auch OC III, 2, S. 38. Zu dem für Tocqueville neben der Religion zentralen Begriff der Freiheit vgl. *Skadi S. Krause*, Art. Freiheit, in: *Campagna*, *Hidalgo* und *Krause* (Hrsg.), Tocqueville Handbuch (Anm. 42), S. 185–188.

76 OC XV,1, S. 173. Auf die Zentralität dieses Anliegens weist hin: *Oliver Hidalgo*, Unbehagliche Moderne. Tocqueville und die Frage der Religion in der Politik, Frankfurt a. M./New York 2006, S. 12. Zum «roten Faden», den die Versöhnung von Demokratie, Moral und Religion im Denken sowie im politischen Handeln Tocquevilles darstellt, vgl. *Agnès Antoine*, Démocratie et religion: le point de vue tocquevillien, in: The Tocqueville Review/La Revue Tocqueville 27/2 (2006), S. 121.

77 OC XVII,3, S. 76; vgl. in gleichem Sinn: *Alexis de Tocqueville*, Œuvres complètes, Paris 1864 ff., Bd. 5, S. 432.

78 DA, Bd. 1, S. 67.

79 *Alexis de Tocqueville*, Der alte Staat und die Revolution. Übersetzt von Theodor Oelckers, 4. Aufl., Berlin 2014, S. 23 (I.2.). Originalsprache: L'Ancien Régime et la Révolution, in: OC II; vgl. dazu *Oliver Hidalgo*, Art. L'Ancien Régime et la Révolution (1856), in: *Campagna*, *Hidalgo* und *Krause* (Hrsg.), Tocqueville Handbuch (Anm. 42), S. 26–33; vgl. *Goldstein*, Trial (Anm. 44), S. 17–19 und S. 108 f.

80 OC III,1, S. 45.

81 OC III,2, S. 591.

82 In: *Verucci*, L'Avenir (Anm. 62), S. 10.

83 OC XV,2, S. 81; vgl. dazu *Alan S. Kahan*, ‹Checks and Balances› für demokratische Seelen: Tocqueville über die Rolle der Religion in demokratischen Gesellschaften, in: *Harald Bluhm* und *Skadi Siiri Krause* (Hrsg.), Alexis de Tocqueville. Analytiker der Demokratie, Paderborn 2016, S. 149.

84 Vgl. zu dieser bis in die Gegenwart die politischen Wissenschaften interessierenden Frage: *Michael Zuckert* (Hrsg.), The Spirit of Religion and the Spirit of Liberty. The Tocqueville Thesis Revisited, Chicago 2017. Darin sind insbesondere von Bedeutung die Beiträge von *James T. Schleifer*, Tocqueville, Religion, and ‹Democracy in America›. Some essential questions, S. 49–67; *Eduardo Nolla*, Tocqueville's Pendulum: Thoughts on Religion, Liberty, and Reason in Democratic Times, S. 157–168; *Harvey C. Mansfield*, Tocqueville on Religion and Liberty, S. 189–215. Vgl. auch *Alan S. Kahan*, ‹Checks and Balances› (Anm. 83), S. 139–162; vgl. auch *Antoine*, L'impensé (Anm. 46), S. 171–197; *dies.*, Democracy and Religion: Some Tocquevillian Perspectives, in: *Raf Geenens* und *Annelien Dijn* (Hrsg.), Reading Tocqueville. From Oracle to Actor, London 2017, S. 132–142; vgl. *Goldstein*, Trial (Anm. 44), S. 91 f.; vgl. *Igor Czernecki*, In God we trust? Tocqueville on the challenges facing liberal democracy today, in: The Tocqueville Review/La Revue Tocqueville 41 (2020), S. 233–250; vgl. *Hidalgo*, Unbehagliche Moderne (Anm. 76), passim; vgl. *ders.*, Das politisch-theologische Problem (Anm. 60), S. 111–131; vgl. *ders.*, Tocqueville und die Frage der Religion in der modernen Demokratie, in: *Skadi Siiri Krause* (Hrsg.), Erfahrungsräume der Demokratie, Stuttgart 2017, S. 125–148; vgl. *Valentine Zuber*, L'origine religieuse des droits de l'homme. Le christianisme face aux libertés modernes (XVIIIe–XXIe siècle), Genève 2017, S. 82–93.

85 Vgl. DA, Bd. 2, S. 463 f.

86 DA, Bd. 2, S. 36 f. Man hört hier im Hintergrund Benjamin Constant, der im 1. Band seines Monumentalwerks über die Religion festgestellt hatte: «Kein irreligiöses Volk ist frei geblieben. (…) Um die Freiheit zu verteidigen, muss man bereit sein, sein Leben zu opfern. Und was gibt es mehr als das Leben für den, der jenseits dieses Lebens nur das Nichts sieht? Wenn der Despotismus auf die Abwesenheit des religiösen Gefühls stösst, wirft sich das Menschengeschlecht in den Staub», in: *Benjamin Constant*, De la Religion, considérée dans sa source, ses formes et ses développements, *Markus Winkler* und *Kurt Klooke* (Hrsg.), Bd. I, Berlin/Boston 2013, S. 137 (=Œuvres complètes. Série Œuvres, Bd. XVII); vgl. dazu *Jaume*, Tocqueville (Anm. 42), S. 112, 176.

87 Vgl. DA, Bd. 1, S. 442.

88 DA, Bd. 1, S. 444. *Goldstein*, Trial (Anm. 44), S. 26, sieht in diesem Diktum den «Eckstein des politischen Glaubens von Tocqueville».

89 *Tocqueville*, Democracy in America (Anm. 45), S. 117, Anm. d; vgl. zu dieser Konstante in Tocquevilles Denken: *Goldstein*, Trial (Anm. 44), S. 93–97; vgl. auch *Hidalgo*, Carl Schmitt (Anm. 43), S. 87 f.; vgl. auch *Harvey C. Mansfield*, Tocqueville on Religion (Anm. 84), S. 192 ff.

90 Vgl. OC III,2, S. 494.

91 DA, Bd. 1, S. 22.

92 Vgl. OC XV,2, S. 81. Vgl. dazu *Battista*, Spirito liberale (Anm. 46), S. 46–51; vgl. auch *Siedentop*, Tocqueville (Anm. 42), S. 63 f.; vgl. *Hidalgo*, Das politisch-theologische Problem (Anm. 60), S. 116 f.

93 *Ernst-Wolfgang Böckenförde*, Schriften zu Staat – Gesellschaft – Kirche, Bd. 3: Religionsfreiheit. Die Kirche in der modernen Welt, Freiburg i. Br./Basel/Wien 1990, S. 166. Vgl. dazu *Julia Palm*, Berechtigung und Aktualität des Böckenförde-Diktums. Eine Überprüfung vor dem Hintergrund der religiös-weltanschaulichen Neutralität des Staates, Frankfurt a. M. 2013.

94 Vgl. *Marx*, Kritik (Anm. 16), S. 17.

95 Vgl. dazu *Hidalgo*, Unbehagliche Moderne (Anm. 76), S. 312–316; vgl. auch *ders.*, Das politisch-theologische Problem (Anm. 60), S. 112; vgl. auch *Alan S. Kahan*, ‹Checks and Balances› (Anm. 83), S. 146 f.

96 DA, Bd. 2, S. 221 f.; vgl. dazu *Antoine*, L'impensé (Anm. 46), S. 163–166; vgl. auch *Eduardo Nolla*, Tocqueville's Pendulum (Anm. 84), S. 165 f. Tocqueville konnte sich für diese Aussagen auf Beobachtungen stützen, die bereits Félicité de Lamennais gemacht hat-

te in seinem Werk *De la religion considérée dans ses rapports avec l'ordre politique e civil*, 3. Aufl., Paris 1826, S. 36 und S. 43.

97 Vgl. OC III,2, S. 494 f.

98 Vgl. *Battista*, Spirito liberale (Anm. 46), S. 50 f.; zu Tocquevilles vorsichtiger Sprechweise, die ihn oft den allgemeinen Terminus «Religion» verwenden liess, vgl. *Kahan*, Tocqueville, Democracy (Anm. 56), S. 153.

99 Vgl. OC III,1, S. 173; vgl. auch OC IX, S. 69; vgl. dazu *Norbert Campagna*, Art. Islam, in: *Campagna, Hidalgo* und *Krause* (Hrsg.), Tocqueville Handbuch (Anm. 42), S. 210–212. Vgl. OC III,1, S. 509; vgl. OC III,1, S. 480, Fussnote; vgl. OC III,1, S. 547; vgl. dazu *Norbert Campagna*, Art. Schriften über Indien, in: *Campagna, Hidalgo* und *Krause* (Hrsg.), Tocqueville Handbuch (Anm. 42), S. 60–62.

100 OC IX, S. 59. Vgl. dazu *Carl Schmitt*, Politische Theologie. Vier Kapitel zur Lehre von der Souveränität, 1. Aufl. 1922, 10. Aufl. Berlin 2015, S. 43.

101 *Félicité de Lamennais*, De L'absolutisme et de la liberté, in: Œuvres complètes de F. de La Mennais (Anm. 73), Bd. XI, S. 166 f.; vgl. den Text auch in: *Félicité de La Mennais*, Troisièmes Mélanges, Paris 1835, S. 395.

102 *Tocqueville*, Democracy in America, (Anm. 45), S. 860, Anm. m.

103 Vgl. OC III,2, S. 601; vgl. auch OC III,2, S. 494 und S. 590.

104 OC V,2, S. 34.

105 Vgl. OC VI,1, S. 200.

106 Vgl. oben, Anm. 79.

107 Zur Sozialgestalt und zum Verhalten der katholischen Kirche vor der Französischen Revolution, vor allem in vermögensrechtlichen Fragen, vgl. *Martin Grichting*, Die Säkularisierung kommt der Kirche zu Hilfe. Drei Beispiele und eine Hoffnung, in: *Christoph Ohly, Wilhelm Rees* und *Libero Gerosa* (Hrsg.), Theologia Iuris Canonici, Festschrift für Ludger Müller zur Vollendung des 65. Lebensjahres, Berlin 2017, S. 66–70.

108 Vgl. *Montesquieu*, Considération sur les causes de la grandeur des Romains et de leur décadence, Amsterdam 1734, S. 262 f. (Kap. XXXII).

109 *Marquis de Condorcet*, Freiheit, Revolution, Verfassung. Kleine politische Schriften, hrsg. von Daniel Schulz, Berlin 2010, S. 97.

110 *Thomas Paine*, Die Rechte des Menschen, hrsg. von Theo Stemmler, Frankfurt a. M. 1973, S. 105 f.

111 *Voltaire*, Republikanische Ideen, in: *ders.*, Erzählungen, Dialoge, Streitschriften, hrsg. von Martin Fontius, Bd. 3, Berlin 1981, S. 256.

112 Vgl. das Schlusskapitel der Schrift *Das entschleierte Christentum*, in: *Paul Thiry d'Holbach*, Religionskritische Schriften, Berlin/Weimar 1970, S. 166–171, hier S. 171.

113 *Jean-François Marmontel*, Erinnerungen an Philosophen und Aktricen, Leipzig 1980, S. 3–31, S. 493.

114 *Philipp Blom*, Böse Philosophen. Ein Salon in Paris und das vergessene Erbe der Aufklärung, 7. Aufl., München 2020, S. 16 f.

115 Vgl. *Tocqueville*, Der alte Staat (Anm. 79), S. 23 (I,2). Vgl. *Hidalgo*, Die Frage der Religion (Anm. 84), S. 136; vgl. auch *ders.*, Unbehagliche Moderne (Anm. 76), S. 326–329.

116 Vgl. *Tocqueville*, Der alte Staat (Anm. 79), S. 154 (III,2).

117 Vgl. *Edmund Burke*, Betrachtungen über die Französische Revolution, 6. Aufl., Berlin 2015, S. 217–230; vgl. auch *Claude Langlois* und *Timothy Tackett*, A l'épreuve de la Révolution (1770–1830), in: *François Lebrun* (Hrsg.), Histoire des catholiques en France du XVe siècle à nos jours, Paris 1980, S. 232–234; vgl. *Guy Lemarchand*, L'Eglise catholique, appareil idéologique d'Etat dans la France d'Ancien Régime (XVIe–XVIIIe siècles)?, in: Cahier des Annales de Normandie, n° 30, 2000, S. 54 f.

118 Vgl. *Tocqueville*, Der alte Staat (Anm. 79), S. 154 (III,2).

119 Vgl. DA, Bd. 1, S. 448–451.

120 DA, Bd. 2, S. 38.

121 Vgl. OC XVII,3, S. 474 f.

122 DA, Bd. 2, S. 217.

123 OC III,2, S. 494; vgl. *Campagna*, Moralisierung (Anm. 51), S. 249 ff.

124 *Perreau-Saussine*, Catholicisme (Anm. 41), S. 134 f.

125 OC XV,2, S. 172.

126 OC X, S. 106.

127 So etwa im Falle der von den Engländern drangsalierten Katholiken in Kanada, vgl. OC XIV, S. 129 f.; vgl. *Norbert Campagna*, Die Frage der Trennung von Kirche und Staat bei Benjamin Constant und Alexis de Tocqueville, in: *Norbert Campagna* und *Franziska Martinsen* (Hrsg.), Staatsverständnisse in Frankreich, Baden-Baden 2018, S. 95.

128 DA, Bd. 2, S. 217.

129 Vgl. OC VI, S. 38–43. *Battista*, Spirito liberale (Anm. 46), S. 77, spricht deshalb betreffend Tocqueville zu Recht von einem «anticlericalismo ‹religioso›», der nicht von einer Aversion gegen die Religion geprägt ist, sondern im Gegenteil von der Sorge um ihr Schicksal; vgl. auch *Goldstein*, Trial (Anm. 44), S. 31–33.

130 Vgl. *Campagna*, Die Frage der Trennung (Anm. 127), S. 84.

131 Vgl. das Kapitel «Mittelbarer Einfluss [influence indirecte] der Glaubenshaltungen auf die politische Gesellschaft in den Vereinigten Staaten», in: DA, Bd. 1, S. 438–444; vgl. dazu *Perreau-Saussine*, Catholicisme (Anm. 41), S. 134–140; vgl. *Antoine*, Démocratie (Anm. 76), S. 129.

132 Vgl. *Krause*, Politische Wissenschaft (Anm. 56), S. 395; vgl. *Bégin*, Fracture religieuse (Anm. 52), S. 182: «Dépolitiser n'est pas déchristianiser».

133 *II. Vatikanisches Konzil*, Pastoralkonstitution *Gaudium et Spes*, 36,2, in: Lexikon für Theologie und Kirche [LThK], Freiburg/Basel/Wien 1966, 2. Aufl., Ergänzungsband III, S. 385–387.

134 OC VI,3, S. 87.

135 Vgl. *John Stuart Mill*, Über die Freiheit, Stuttgart 2010, S. 74 f.

136 *Siedentop*, Erfindung (Anm. 21), S. 447. Weniger überzeugend erscheint demgegenüber die Charakterisierung des Christentums als «die Religion des Ausstiegs aus der Religion», die behauptet wird von *Marcel Gauchet*, Le désenchantement du monde. Une histoire politique de la religion, Paris 1985, S. II. Das Christentum hat nicht das Ende der Religion eingeläutet, sondern den Ausstieg aus einer Sichtweise, die alles in der Welt offenbarten Lehren sowie religiösen Autoritäten unterwirft.

137 *Papst Johannes Paul II.*, Ansprache an die Vollversammlung der Päpstlichen Akademie der Wissenschaften, in: *Acta Apostolicae Sedis*

85 (1993), S. 770. Vermutlich wäre es etwas zu viel verlangt gewesen, in diesem Zusammenhang Voltaire zu zitieren. Dieser hatte in seinen Briefen aus England bereits festgestellt, die Bibel sei nicht dazu da, aus uns Physiker zu machen, in: *Voltaire*, Stürmischer als das Meer. Briefe aus England. Herausgegeben, aus dem Französischen übersetzt und mit einem Nachwort versehen von Rudolf von Bitter, Zürich 2017, S. 253 (25. Brief, Nr. XXXI).

138 *II. Vatikanisches Konzil*, Pastoralkonstitution *Gaudium et Spes*, 36,2 in: LThK (Anm. 133), Ergänzungsband III, S. 387.

139 DA, Bd. 1, S. 67.

140 OC XV,2, S. 292.

141 Vgl. OC XIII,2, S. 328; vgl. auch OC XVII,3, S. 289.

142 Vgl. DA Bd. 2, S. 216; vgl. dazu *Antoine*, Démocratie (Anm. 76), S. 131.

143 OC XV,2, S. 297.

144 OC III,2, S. 38.

145 OC XV,2, S. 296 f.

146 DA, Bd. 2, S. 45; vgl. *Hidalgo*, Unbehagliche Moderne (Anm. 76), S. 355–357.

147 Vgl. *Julian Herranz*, Studi sulla nuova legislazione della Chiesa, Rom 1990, S. 250 ff.; vgl. auch *Dionigi Tettamanzi*, Art. Laici, in: Dizionario enciclopedico di teologia morale, diretto da Leandro Rossi et alii, 5. Aufl., Rom 1981, S. 486 f.

148 Vgl. *S. Robertus Bellarminus*, Opera Omnia, tomus secundus: De controversiis christianae fidei adversus hujus temporis haereticos, Liber tertius, De Ecclesia militante, caput II, Neapoli 1857, S. 75.

149 Vgl. dessen 1609 publiziertes Werk *Anleitung zum frommen Leben. Philothea*, in: *Franz Reisinger* (Hrsg.), Deutsche Ausgabe der Werke des Hl. Franz von Sales, Bd. 1, Eichstätt/Wien 1959.

150 Vgl. dazu ausführlicher *Martin Grichting*, Kirche oder Kirchenwesen? Zur Problematik des Verhältnisses von Kirche und Staat in der Schweiz, dargestellt am Beispiel des Kantons Zürich, Fribourg 1997, S. 237–242.

151 *II. Vatikanisches Konzil*, Pastoralkonstitution *Gaudium et Spes*, 36,2, in: LThK (Anm. 133), Ergänzungsband III, S. 387; vgl. *Harouel*, Génie (Anm. 21), S. 50–52.

152 Vgl. oben Anm. 134.

153 *II. Vatikanisches Konzil*, Pastoralkonstitution *Gaudium et Spes*, 36,2, in: LThK (Anm. 133), Ergänzungsband III, S. 385–389.

154 *Joseph Ratzinger*, Gesammelte Schriften, Bd. 7/2, Freiburg i. Br. 2012, S. 997 f.

155 *II. Vatikanisches Konzil*, Dogmatische Konstitution *Lumen Gentium*, 37,3, in: LThK (Anm. 133), Ergänzungsband I, S. 283.

156 *II. Vatikanisches Konzil*, Pastoralkonstitution *Gaudium et Spes*, 76,3 und 76,6, in: LThK (Anm. 133), Ergänzungsband III, S. 531 und S. 533.

157 Diese neue Sichtweise auf die christliche Sendung der Gläubigen, die in die weltlichen Zusammenhänge eingebettet sind, ist umfassend dargelegt in den Nummern 30–38 des Dokuments *Lumen Gentium* des II. Vatikanischen Konzils, in: LThK (Anm. 133), Ergänzungsband I, S. 261–283. In theologischem Sinn hat kurz nach dem 2. Weltkrieg diesbezüglich und betreffend die legitime Autonomie der irdischen Wirklichkeiten viel vorweggenommen: *Suhard*, Essor (Anm. 19), S. 122 ff. und S. 136 ff.

158 *II. Vatikanisches Konzil*, Pastoralkonstitution *Gaudium et Spes*, 43,2, in: LThK (Anm. 133), Ergänzungsband III, S. 415.

159 Vgl. *Grichting*, Im eigenen Namen (Anm. 18), S. 37–39.

160 *II. Vatikanisches Konzil*, Pastoralkonstitution *Gaudium et Spes*, 43,2, in: LThK (Anm. 133), Ergänzungsband III, S. 415.

161 Vgl. *Jean-Jacques Rousseau*, Vom Gesellschaftsvertrag oder Grundsätze des Staatsrechts, Stuttgart 2011, S. 150–154 (IV. Buch, 8. Kapitel).

162 Vgl. OC III,1, S. 174; vgl. dazu *Goldstein*, Trial (Anm. 44), S. 111–113.

163 *Jacob Burckhardt*, Weltgeschichtliche Betrachtungen, München 2018, S. 105.

164 Vgl. *Perreau-Saussine*, Catholicisme (Anm. 41), S. 240.

165 Vgl. *Friedrich A. von Hayek*, Die Verfassung der Freiheit, hrsg. von Alfred Bosch und Reinhold Veit, 4. Aufl., Tübingen 2005, S. 528.
166 *Habermas*, Naturalismus (Anm. 14), S. 145.
167 Vgl. *Antoine*, L'impensé (Anm. 46), S. 208 ; vgl. *Perreau-Saussine*, Catholicisme (Anm. 41), S. 142.
168 Vgl. Anm. 76.
169 *Tocqueville*, Der alte Staat (Anm. 79), S. 34 (I,5); vgl. dazu *Battista*, Spirito liberale (Anm. 46), S. 51–55; vgl. *Perreau-Saussine*, Catholicisme (Anm. 41), S. 94–96.
170 *Pierre Bayle*, Toleranz. Ein philosophischer Kommentar, hrsg. von Eva Buddeberg und Rainer Forst, Berlin 2016, S. 246.
171 *Voltaire*, Republikanische Ideen (Anm. 111), S. 257.
172 The Complete Works of Voltaire, Bd. 112, Banbury 1973, S. 464.
173 Vgl. *Rousseau*, Gesellschaftsvertrag (Anm. 161), S. 144–157 (IV. Buch, 8. Kapitel).
174 *Jean-Jacques Rousseau*, Œuvres complètes, Bd. 3, Gallimard Paris 1964, S. 336. Vgl. dazu *Arthur M. Melzer*, The Origin of the Counter-Enlightenment: Rousseau and the New Religion of Sincerity, in: American Political Science Review 90 (1996), S. 351 f.
175 Vgl. *Rousseau*, Gesellschaftsvertrag (Anm. 161), S. 155 (IV. Buch, 8. Kapitel).
176 Vgl. ebd., S. 155.
177 Vgl. dazu und zu weiterführender Literatur *Francis Chevenal*, § 30. Jean-Jacques Rousseau, in: *Johannes Rohbeck* und *Helmut Holzhey* (Hrsg.), Die Philosophie des 18. Jahrhunderts, Bd. 2/2, Basel 2008, S. 682 f.; vgl. auch *Harouel*, Génie (Anm. 21), S. 188 f.
178 *Tocqueville*, Der alte Staat (Anm. 79), S. 34 (I,5).
179 OC IX, S. 277; vgl. auch OC IX, S. 47.
180 Vgl. *Antoine*, L'impensé (Anm. 46), S. 203–208; vgl. auch *Hidalgo*, Die Frage der Religion (Anm. 84), S. 144.
181 Von einer «Erfindung» betreffend Rousseaus *religion civile* spricht: *Ghislain Waterlot*, De la religion civile à la foi des *Rêveries*, les chemins d'une inversion, in: Annales de la société J.-J. Rousseau 54 (2021), S. 100 f.

182 Vgl. *Jean-Jacques Rousseau*, Schriften, hrsg. von Henning Ritter, Bd. 2, Frankfurt a. M./Berlin/Wien 1981, S. 31 (1. Brief).

183 Vgl. *Rousseau*, Gesellschaftsvertrag (Anm. 161), S. 156 (IV. Buch, 8. Kapitel).

184 *Condorcet*, Sur l'instruction publique. Premier mémoire (Anm. 5), S. 211 f.

185 OC III,2, S. 604.

186 Vgl. *Jules Michelet*, Histoire de la Révolution française, Vol. 1, Paris 1979, S. 311 (Buch III., Kap. 9).

187 Vgl. Tocquevilles diesbezügliche Ausführungen, für die er heute noch in breiten Kreisen bekannt ist, in: DA, Bd. 2, S. 460–468; vgl. in der Reclam-Ausgabe (Anm. 45), S. 340–348 (Nr. 36).

188 *Charles de Montalembert*, L'Église libre dans l'État libre. Textes publiés et présentés par Jean-Noël Dumont et Daniel Moulinet, Paris 2010, S. 331 f.

189 Ebd., S. 310.

190 Vgl. *Patrick Weil*, De la laïcité en France, Paris 2022, S. 104 f.

191 *Henri Peña-Ruiz*, Qu'est-ce que la laïcité?, Paris 2003, S. 46.

192 Vgl. oben, Anm. 170.

193 *Ernst-Wolfgang Böckenförde*, Religionsfreiheit ist kein Gottesgeschenk, in: Frankfurter Allgemeine Zeitung, 22. April 2009; vgl. dazu *Lukas Wick*, Islam und Verfassungsstaat: Theologische Versöhnung mit der politischen Moderne?, Würzburg 2009.

194 Vgl. *Siedentop*, Erfindung (Anm. 21), S. 446–448.

195 Vgl. *Harouel*, Génie (Anm. 21), S. 37–43.

196 Vgl. *Alexis de Tocqueville*, Souvenirs, in: OC XII, S. 182 f. (II. Teil, Nr. 11); deutsche Übersetzung: *Alexis de Tocqueville*, Erinnerungen, Wien/Leipzig 2010, S. 192 f. Im Jahr 1835 hatte Tocqueville dem damals bereits berühmten Lamennais ein Exemplar des ersten Bandes seines Amerika-Buches zukommen lassen, vgl. OC XVII,1, S. 220 f.; vgl. *Jaume*, Tocqueville (Anm. 42), S. 114; vgl. *Milbach*, Lamennais (Anm. 63), S. 369 f.; vgl. *Kahan*, Tocqueville, Democracy (Anm. 56), S. 42–44.

197 *Conzemius*, Propheten (Anm. 63), S. 28; vgl. auch *Verhülsdonk*, Religion (Anm. 63), S. 139–141.

198 Vgl. *Milbach*, Lamennais (Anm. 63), S. 370–376; vgl. *Philibert*, Lacordaire (Anm. 64), S. 518 f.

199 Vgl. *Milbach*, Lamennais (Anm. 63), S. 405 f.; vgl. auch *Kselman*, Conscience (Anm. 63), S. 190 f.; vgl. *Conzemius*, Propheten (Anm. 63), S. 48.

200 Zitiert in: *Cabanis*, Lacordaire (Anm. 65), S. 20.

201 *II. Vatikanisches Konzil*, Erklärung über die Religionsfreiheit *Dignitatis humanae*, 2,1, in: LThK (Anm. 133), Ergänzungsband II, S. 715–717.

202 *Papst Benedikt XVI.*, Ansprache an das Kardinalskollegium und die Mitglieder der Römischen Kurie beim Weihnachtsempfang, 22. Dezember 2005, in: *Acta Apostolicae Sedis* 98 (2006), S. 49 f.

203 Vgl. für diese bildhafte Umschreibung: *Siedentop*, Erfindung (Anm. 21), S. 413.

204 *II. Vatikanisches Konzil*, Pastoralkonstitution *Gaudium et Spes*, 76,1, in: LThK (Anm. 133), Ergänzungsband III, S. 529.

205 Vgl. *Perreau-Saussine*, Catholicisme (Anm. 41), S. 265.

206 Vgl. DA, Bd. 1, S. 442.

Das Signet des Schwabe Verlags
ist die Druckermarke der 1488 in
Basel gegründeten Offizin Petri,
des Ursprungs des heutigen Verlags-
hauses. Das Signet verweist auf
die Anfänge des Buchdrucks und
stammt aus dem Umkreis von
Hans Holbein. Es illustriert die
Bibelstelle Jeremia 23,29:
«Ist mein Wort nicht wie Feuer,
spricht der Herr, und wie ein
Hammer, der Felsen zerschmeisst?»